Das Buch

Wusstest du, dass 91 % der Menschen, die an Liebeskummer leiden, sich von unserer Gesellschaft mit ihrem Problem nicht ernst genommen fühlen? Obwohl der Großteil der Betroffenen seinen Herzschmerz mit einer Depression oder sogar dem Tod eines Angehörigen vergleicht? Elena-Katharina Sohn spendet Betroffenen Trost, Verständnis und eine ganz neue Möglichkeit, die eigenen Gefühle einzuordnen. Sie klärt über Liebeskummer-Irrtümer auf und hilft dir, herauszufinden, welcher Liebeskummer-Typ du bist. Anhand von zehn Maßnahmen erklärt sie dir, wie du dein gebrochenes Herz reparieren kannst, und stellt dir vor allem eine Methode vor, mit der du es für die Zukunft vor erneutem Zerbrechen schützt. Goodbye Herzschmerz, auf Nimmerwiedersehen!

Die Autorin

Elena-Katharina Sohn ist die Gründerin der Agentur »Die Liebeskümmerer«. Sie und ihr Team aus Psychologen, Psychotherapeuten und Coachs beraten seit dem Jahr 2011 Menschen, die Liebeskummer haben. Auf Basis dieser Erfahrungen und nach Abschluss ihrer eigenen psychotherapeutischen Ausbildung hat Elena-Katharina Sohn die »Glücksherz-Methode®« entwickelt – eine Methode, die Liebeskummer nicht nur heilt, sondern erneutem Herzschmerz vorbeugen kann. Die studierte Politologin und PR-Beraterin lebt in Berlin.
www.die-liebeskuemmerer.de

Von Elena-Katharina Sohn ist in unserem Hause bereits erschienen:

Schluss mit Kummer

ELENA-KATHARINA SOHN

Goodbye Herzschmerz

Eine Anleitung zum Wieder-Glücklichsein

Ullstein

Wichtiger Hinweis
Die Ratschläge in diesem Buch sind von der Autorin und dem Verlag sorgfältig erwogen und geprüft. Sie bieten jedoch keinen Ersatz für kompetenten medizinischen Rat. Jeder Leser ist für sein eigenes Handeln selbst verantwortlich. Alle Angaben in diesem Buch erfolgen daher ohne jegliche Gewährleistung oder Garantie seitens des Verlages oder des Autors. Eine Haftung des Autors bzw. des Verlages und seiner Beauftragten für Personen-, Sach- und Vermögensschäden ist ausgeschlossen.

Besuchen Sie uns im Internet:
www.ullstein-taschenbuch.de

Originalausgabe im Ullstein Taschenbuch
1. Auflage März 2016
4. Auflage 2016
© Ullstein Buchverlage GmbH, Berlin 2016
Umschlaggestaltung: ZERO Werbeagentur, München
Titelabbildung: © FinePic®, München
Illustration: Melanie Hanke
Satz: KompetenzCenter, Mönchengladbach
Gesetzt aus der ITC Berkeley
Druck und Bindearbeiten: CPI books GmbH, Leck
Printed in Germany
ISBN 978-3-548-37611-0

Für Dich.
Und Dein Herz.
Und Dein Glück.

♥ Inhalt ♥

Kapitel 1
Warum dieses Buch gegen
Liebeskummer hilft   11

Kapitel 2
Das Wichtigste zuerst:
Sechs Liebeskummer-Irrtümer   15

Kapitel 3
Liebeskummer verstehen und ernst nehmen:
Was sagt die Wissenschaft?   41

Kapitel 4
Hand aufs Herz: Was Dein Liebeskummer
(auch) mit Dir selbst zu tun hat   58

Kapitel 5
Akuten Liebeskummer heilen:
Wie Du Dein zerbrochenes Herz reparierst   64

Kapitel 6
Neuen Liebeskummer verhindern:
Wie Du Dein Herz schützt   145

Kapitel 7
Die drei Typen des Liebeskummers   156

Kapitel 8
Die Suche nach Deinen Quellen des Glücks   189

Kapitel 9
Goodbye Herzschmerz!   214

Kapitel 10
Die FAQ zum Liebeskummer   216

Quellenverzeichnis   235

♥ Kapitel 1 ♥

Warum dieses Buch gegen Liebeskummer hilft

Dieses Buch enthält die Quintessenz aus fünf Jahren Arbeit meiner Berliner Agentur »Die Liebeskümmerer«. Wir sind ein Team aus Psychologen, Therapeuten, Mediatoren und Coaches und haben seit unserer Gründung im Mai 2011 Kontakt zu rund 3.000 Menschen mit Liebeskummer und ihren ganz persönlichen Geschichten gehabt. Sie alle suchten bei uns Hilfe – denn sie alle fühlten sich traurig und ratlos. Es waren Frauen und Männer, Junge und Alte, Heterosexuelle und Homosexuelle, Deutsche, Österreicher, Schweizer und sogar ein paar Kunden aus den USA oder Frankreich dabei.

Und so verschiedenartig die Gründe für den Liebeskummer all dieser Menschen auf den ersten Blick waren: Schnell wurde uns klar, wie sehr sich ihr Schmerz und ihre Ängste im Kern dennoch glichen. Irgendwann konnte ich meinem Gegenüber zum Beispiel schon im ersten Gespräch ziemlich präzise vorhersagen, welche Formulierungen ihr oder ihm gerade durch den Kopf gingen, während wir über den Liebeskummer sprachen. »Ja genau, genau so ist das! Besser hätte ich es nicht beschreiben können! Woher weißt du das?«, fragte sie oder er dann erstaunt.

Es ist natürlich ein superschönes Gefühl, wenn man Menschen auf diese Weise zeigen kann, dass man sie versteht. Aber mindestens genauso wichtig ist für mich, dass man irgendwann nicht nur in Bezug auf die *Beschreibung*, sondern auch in Bezug auf die *Lösung* des Problems Parallelen sieht. Soll heißen: Je mehr Menschen mit Liebeskummer dem *Liebeskümmerer*-Team und mir begegneten, je mehr »Fälle« wir betreuten, umso deutlicher haben sich bestimmte Maßnahmen herauskristallisiert, die ihnen mit großer Wahrscheinlichkeit helfen konnten. Um diese Maßnahmen soll es im ersten Teil von »Goodbye Herzschmerz« gehen. Sie leiten sich nicht aus einer konkreten psychotherapeutischen Schule oder Theorie ab, sondern stammen in erster Linie aus den praktischen Erfahrungen im Umgang mit »Herzschmerz-Erkrankten«.

Und noch in einem anderen Punkt ist dieses Buch möglicherweise anders als andere Ratgeber. Denn natürlich geht es mir darum, Deinen Liebeskummer zu lindern und dafür zu sorgen, dass Du Dich möglichst schnell besser fühlst. Aber das allein reicht mir nicht aus. Ich möchte mit dem zweiten Teil von »Goodbye Herzschmerz« dafür sorgen, dass Du von jetzt an nie wieder schweren Liebeskummer bekommst. Wenn mich nämlich jemand nach dem wichtigsten Fazit aus fünf Jahren *Die Liebeskümmerer* fragen würde, dann wäre es Folgendes: In der Krise Liebeskummer steckt eine unglaubliche Chance – sofern man sie nutzt! Die Chance, seinem persönlichen Lebensglück einen riesengroßen Schritt näher zu kommen. Näher vermutlich, als man es vor dem Kummer überhaupt war. Und damit neuem Liebeskummer vorzubeugen.

»Dieser Liebeskummer war mit Abstand das Beste, was mir passieren konnte. Wenn ich ehrlich bin, würde ich sogar so weit gehen zu sagen, dass ich jedem Menschen wünsche, dass er mal durch dieses Tal gehen darf. Nicht für das Gefühl währenddessen natürlich, aber für das unglaubliche Gefühl danach.« Das schrieb mir eine ehemalige Kundin im vergangenen Sommer. Viele andere sehen es ähnlich wie sie – sofern sie nicht vor dem Kummer davongelaufen sind, sondern ihn zugelassen und Lehren daraus gezogen haben.

Natürlich ist das leichter gesagt als getan, denn es bedeutet, sich dem Schmerz zu stellen, anstatt ihn zu verdrängen. Das tut weh, erfordert viel Mut und Zeit sowie jede Menge Kraft. Aber es lohnt sich! Und auch, weil ich davon überzeugt bin, habe ich dieses Buch geschrieben. Es soll Dir Möglichkeiten aufzeigen, wie Du Deinen Liebeskummer zur Chance machen kannst, Dich an den Erfahrungen anderer Menschen teilhaben lassen und als Begleiter an Deiner Seite sein.

Soweit der Ausblick auf das, was machbar ist – und nun erst mal zurück ins Hier und Jetzt: Momentan geht es Dir wahrscheinlich einfach schlecht, und Du brauchst etwas, was Dir sofort hilft. Deswegen habe ich im folgenden Kapitel als Sofortmaßnahme all jene Gedanken zusammengetragen, die bei Menschen mit Liebeskummer meiner Erfahrung nach für die erste schnelle Erleichterung sorgen. Wenn Du sie gelesen hast, sollte es Dir schon etwas bessergehen, so dass Du Dich anschließend in Ruhe auf den Rest des Buchs konzentrieren kannst.

PS: Bitte sieh mir nach, wenn ich im Folgenden nicht immer korrekt »gendere«. Das dient lediglich der Verbesserung des Leseflusses.

♥ Kapitel 2 ♥

Das Wichtigste zuerst: Sechs Liebeskummer-Irrtümer

Dein Liebeskummer soll verschwinden, am besten sofort! Du willst Dich endlich wieder frei fühlen, diese erdrückende Schwere loswerden, Dich auf andere Dinge konzentrieren können, Spaß haben und lachen. Und auch wenn ich wünschte, ich könnte mit dem Finger schnipsen, und alles wäre gut – so einfach wird es nicht klappen. Was ich aber tun kann, ist, Dir erst mal zu versichern: Du bist mit Deinem Schmerz nicht allein. Um Dir das zu beweisen, habe ich die folgenden Gedanken gleich hier an den Anfang gestellt: Es sind die sechs größten Liebeskummer-Irrtümer. Denn zu erfahren, dass sie nicht der Wahrheit entsprechen, löst bei den meisten Betroffenen einen spontanen Aha-Effekt aus: »Nein, wirklich? Ist das so? Jetzt, wo ich das weiß, fühle ich mich schon ein bisschen besser« oder »Wahnsinn, das beruhigt mich sehr« sind ganz typische Reaktionen. Ich hoffe, auch bei Dir.

1. Liebeskummer muss nach drei Monaten vorbei sein!

»Es geht mir jetzt schon fast ein halbes Jahr so schlecht, Frau Sohn, mal im Ernst, ich bin doch nicht normal...« – »Mein Leben muss endlich weitergehen, schon über drei Monate kreise ich in Gedanken ständig um meinen Ex.« – »Ehrlich gesagt, schäme ich mich inzwischen, meinen Freunden immer wieder mit der gleichen Leier zu kommen, die können es nach vier Monaten ja auch nicht mehr hören!«

Es ist wirklich ein bisschen verrückt: Da macht ein Mensch gerade eine richtig schwierige Phase seines Lebens durch, fühlt sich traurig und schlecht, braucht eigentlich nichts dringender als Verständnis, Ruhe und Zuneigung, und was passiert? Er fühlt sich zusätzlich unter Druck. Zeitdruck nämlich. Dem Zeitdruck, möglichst schnell wieder »normal« zu sein. Wie ein Damoklesschwert scheint eine magische Drei-Monats-Grenze über den Köpfen der meisten Frauen und Männer mit Liebeskummer zu schweben: Innerhalb von drei Monaten müsse man das doch schaffen mit dem Kummer, höre ich dann, sonst stimme mit einem irgendwas nicht. Oder zumindest müsse man nach drei Monaten so weit sein, dass man Freunde nicht mehr mit seinem Kummer behellige, und Tränen sollten (wenn überhaupt) nur noch insgeheim fließen.

Drei Monate, zwölf Wochen, knapp 100 Tage. Eine scheinbar lange Zeit. Ich kann ehrlich nicht sagen, woher ausgerechnet diese Grenze kommt. Aber eines weiß ich ganz sicher: Sie ist falsch. Und falls sie (oder irgendeine andere Frist) in Deinem Kopf gerade eine Rolle spielt, dann verabschiede Dich jetzt bitte von ihr. Sie ist Blödsinn. Und ich will Dir auch erklären, weshalb:

Zum einen entspricht sie einfach nicht der Realität. Würde man 100 Erwachsene, die einmal an ernsthaftem Liebeskummer gelitten haben, anonym dazu befragen, nach welcher Zeitspanne es ihnen wieder gutging, würde man mit ziemlicher Sicherheit bei einem Durchschnittswert von etwa zwölf und nicht drei Monaten landen. Viele von ihnen hätten damals vielleicht so getan, als wäre schon nach zwölf Wochen alles okay gewesen. Aber gerade in Bezug auf unsere vermeintlichen Schwächen machen wir Menschen uns gegenseitig eben gern mal was vor. Bei einigen von ihnen hätte es in Wahrheit also sogar länger gedauert als zwölf Monate, bei anderen wäre es vielleicht etwas schneller gegangen. Aber das Einzige, was wirklich zählt, ist: Am Ende hätten sie es alle geschafft.

»Was, so lange?« wirst Du jetzt vielleicht denken und die Aussicht auf ein Jahr Liebeskummer als wenig tröstlich empfinden. Aber versteh mich bitte nicht falsch: Es *muss* keine zwölf Monate dauern, es geht nur darum, dass es das *darf*.

Zum anderen ist Dein Liebeskummer vollkommen individuell – genauso, wie alles, was davor kam, es ja auch war. Wie lange hast Du zum Beispiel gebraucht, um Dich zu verlieben? Ging es innerhalb von Sekunden oder eher im Laufe von Wochen? Und hast Du Dein Gefühl jemals in Frage gestellt, nur weil es vielleicht langsamer oder schneller kam als bei anderen Menschen? Vermutlich nicht. Weil ganz einfach klar ist: Das ist Typ-Sache. Und genau so ist es mit dem Liebeskummer auch. Jeder kann nur so schnell machen, wie es für ihn richtig ist. Alles andere wäre zwar toll, weil man es so schön planen könnte, aber es wäre einfach nicht ehrlich.

Hinzu kommt, dass auf die Dauer Deines Liebeskummers auch äußere Faktoren einen Einfluss haben, die Du nur teilweise beeinflussen kannst: Wie verhält sich zum Beispiel Dein Expartner beziehungsweise der Auslöser des Liebeskummers? Sucht er immer wieder den Kontakt? Müsst Ihr Euch regelmäßig sehen, vielleicht bei der Arbeit oder wegen gemeinsamer Kinder? Wie stabil ist das Umfeld, in dem Du Dich befindest, Freunde, Arbeit, Hobbys, Familie? Du siehst: Jede Situation setzt sich aus unterschiedlichen Puzzlestücken zusammen, und schon allein deshalb kann es logischerweise nicht sein, dass alle gleich schnell mit dem Liebeskummer fertig werden. Die einzige Sache, die Du wirklich tun kannst, um Deinen Heilungsprozess zu beschleunigen, ist deshalb: Sei verständnisvoll mit Dir selbst, und vertraue auf Deinen persönlichen Weg. Mach Dir keinen zusätzlichen Druck, schau nicht, was andere machen oder erzählen, sondern konzentriere Dich auf Dich. So sparst Du wertvolle Energie, die Du für die eigentliche Baustelle – Dein trauriges Herz – viel besser einsetzen kannst.

Nun ist es möglich, dass Du dennoch das Gefühl hast, dass Dein Freundeskreis oder Deine Familie Dir nach einigen Wochen zu verstehen geben, dass »das Leben jetzt mal weitergeht«. Ich höre das sehr oft von unseren Kunden und versuche dann, als Allererstes zu klären: Ist es *tatsächlich* so, dass Dein Umfeld nichts mehr von Deinem Kummer wissen möchte? Hat Dir das also jemand direkt gesagt? Oder *vermutest* Du es nur? Häufig stellen wir gemeinsam fest, dass es sich in erster Linie um ein Kommunikationsproblem handelt: Du willst niemandem zur Last fallen, schämst Dich für Deine ewig gleichen Gedankenschleifen und sprichst deswegen schon vorsorglich keinen mehr auf Deine Situation an. Deine Freunde und Familie hingegen fragen nicht danach, weil sie Dich nicht immer wieder aufwühlen wollen und denken, Ablenkung mit anderen Themen tue Dir vielleicht gut.

Die Regel Nummer 1 in diesem Fall lautet daher: Sag Deinem Umfeld offen, was Du brauchst. Denn erst dann weißt Du, ob Du es bekommen kannst. Liebeskummer macht unsicher, und zwar nicht nur Dich selbst, sondern auch die Menschen, denen Du wichtig bist. Je präziser Du ihnen sagst, wie sie Dich unterstützen können (zuhören, ablenken, diskutieren), umso besser werden sie Dir helfen.

Was nun, wenn wirklich jemand zur Normalität zurückkehren möchte? Wenn er vielleicht selbst Probleme hat, Liebeskummer nicht kennt oder Deinen Schmerz schwer nachvollziehen kann? Vermutlich wird Dich sein Verhalten enttäuschen, möglicherweise wirst Du Deine Beziehung zu diesem Menschen sogar einer grundsätzlichen Überprüfung unterziehen. Das ist in Ordnung. Dennoch möchte ich auch hier für Verständnis werben: Im Unterschied zu Dir haben Deine Freunde und Deine Familie den großen Vorteil, dass sie von außen auf Deine Situation blicken – sie sind emotional nicht auf dieselbe

Weise involviert wie Du. So haben sie vielleicht längst erkannt, dass Dein Expartner nicht gut für Dich ist, sind eventuell sogar ein bisschen froh über die Trennung. Ihr Urteil wird nicht durch Liebe zu Deinem Expartner beeinflusst – sondern durch Zuneigung zu Dir. Sie werden ungeduldig, weil für sie alles so klar ist. Und vor allem, weil sie sich wünschen, dass Du endlich wieder glücklich bist.

Sollte das der Fall sein, dann kannst Du ihnen sagen, dass Du sie verstehst, ihnen aber genau deshalb nichts vormachen willst. Dass sie Dir am besten helfen, indem sie Deinen Zustand so lange ernst nehmen, bis Du selbst so weit bist. Vielleicht könnt Ihr Euch darauf einigen, dass Ihr öfter auch wieder über andere Dinge redet, aber dass sie es einfach hinnehmen und Dich auffangen, wenn Du traurig bist.

Du selbst entscheidest, wie viel Zeit Du Dir für Deinen Liebeskummer nimmst, und niemand sonst. Keine schlauen Faustregeln, keine klugen Ratgeber. Nur Du. Denn viel wichtiger, als dass der Liebeskummer *schnell* vorbei ist, ist, dass er *wirklich* vorbei ist.

2. Mit mir stimmt was nicht, weil ich so leide!

Um das mal gleich vorwegzunehmen:

Die Wahrscheinlichkeit, dass mit Dir »etwas nicht stimmt«, wäre um einiges größer, wenn Du nicht wenigstens einmal in Deinem Leben an Liebeskummer leidest. Aber das ist ein anderes Thema und steht in einem anderen Buch.

»Ich bin eine erwachsene Frau und habe mein Leben fest im Griff, wie kann es sein, dass mich ausgerechnet eine Trennung so aus der Bahn wirft?« – »Jetzt sitze ich hier zu Hause und weine wie ein kleiner Junge. Wie peinlich ist das denn!« – »Bei mir ist das mit dem Liebeskummer, glaube ich, irgendwie schlimmer als bei anderen Leuten.«

Wie schon im vorherigen Abschnitt, als es um die Drei-Monats-Grenze ging, machen die meisten Frauen und Männer sich noch aus einem anderen Grund Druck, wenn sie Liebeskummer haben: wegen der *Intensität* ihres Zustands. Sie haben das Gefühl, dass das Ausmaß ihres Liebeskummers zu groß, irgendwie unangemessen oder sogar krankhaft ist. Das äußert sich im Gespräch meist in Formulierungen wie »ich bin doch erwachsen«, »ich führe mich ja auf wie ein kleines Kind« oder »wenn mich jemand so sehen könnte, wie peinlich«. Wenn man dann nachbohrt, kommt oft heraus, dass sie oder er glaubt, überdurchschnittlich schlecht mit der Situation fertig zu werden. Andere Erwachsene benähmen sich in einer vergleichbaren Lage sicher viel reifer und vernünftiger. Nicht selten halten diese Menschen den eigenen Herzschmerz deswegen für eine Schwäche oder gar persönliches Versagen. In der Folge fühlen sie sich noch trauriger, als sie es ohnehin schon sind, noch kleiner und noch weniger selbstbewusst.

Was für ein Dilemma! Anstatt gut zu sich selbst zu sein und sich aufzubauen, machen viele »Liebesbekümmerte« sich auf diesem Wege zusätzlich runter – und das so vollkommen unnötigerweise. Denn wenn ich Dir nun sage, dass mindestens jeder zweite Kunde der *Liebeskümmerer* glaubt, besonders kindisch und »schwach« zu sein, ahnst Du schon, wie vollkommen solche Einschätzungen an der Realität vorbeigehen. In Wahrheit ist es vielmehr so:

Viele Menschen empfinden Liebeskummer als wirklich schwere Lebenskrise, schlimmer zum Beispiel als eine körperliche Erkrankung oder den Verlust des Arbeitsplatzes. Das Problem ist: Vor lauter Scham reden die wenigsten ehrlich über das Ausmaß ihrer Verzweiflung, so dass die Illusion vom Erwachsenen, der sich von so einer gefühlsduseligen Kinderei wie Liebeskummer nicht aus der Bahn werfen lässt, hartnäckig bestehen bleibt. Es ist ein Teufelskreis. Je weniger wir darüber sprechen, umso mehr hält der Einzelne sich für einen Versager. Umso geringer ist natürlich wiederum die Bereitschaft, offen zum eigenen Schmerz zu stehen. Umso seltener tritt die Wahrheit zutage. Und so weiter und so fort.

Besonders augenscheinlich ist die Tabuisierung des Liebeskummers für mich immer dann, wenn Journalisten mich fragen, ob ich ihnen helfen kann, jemanden zu finden, der vor der Kamera über seinen Herzschmerz spricht. Für eine ARD-Produktion im Sommer 2013 haben wir zum Beispiel fast ein halbes Jahr lang nach Protagonisten gesucht und sicher 50 Personen angesprochen, bis endlich zwei mutige Frauen bereit waren mitzumachen.

Die 30-minütige Reportage mit dem Titel »Liebeskummer« wurde schließlich im November 2013 ausgestrahlt. Und siehe da: Es fühlten sich offensichtlich so viele Zuschauer angesprochen, dass die Website der *Liebeskümmerer*, die im Beitrag erwähnt wurden, an diesem Abend phasenweise wegen Überlastung offline ging! Aus ganz Deutschland, Österreich und der Schweiz erreichten mich in den folgenden Tagen Hunderte E-Mails von (erwachsenen!) Menschen, die mir einfach nur dafür danken wollten, dass es mit den *Liebeskümmerern* eine professionelle Anlaufstelle für Liebeskummer gibt: »Endlich nimmt jemand dieses Thema ernst!«

Nun ist die Frage, inwiefern es Dir helfen kann, zu wissen, dass viele andere Frauen und Männer genauso fühlen wie Du. Und auch wenn ich mir ziemlich sicher bin, dass allein die Tatsache, dass Du »normal« bist, Dich schon ein bisschen beruhigt, möchte ich Folgendes noch ergänzen:

1. Du kannst davon ausgehen, dass die meisten Menschen, die ihren Liebeskummer inzwischen überwunden haben, ihn an irgendeinem Punkt als ähnlich aussichtslos empfunden haben, wie Du es jetzt vielleicht tust. Auch sie dachten, niemand sonst würde so schlimm unter seinem Kummer leiden wie sie. Auch sie hatten das Gefühl, niemals über den Schmerz hinwegkommen zu können. Auch sie hatten Selbstzweifel, waren unsicher und haben sich für ihre Emotionen geschämt. Auch sie glaubten, alle anderen könnten es schaffen, nur sie nicht. Und sie alle haben sich geirrt.

2. Liebeskummer ist allem Anschein nach durchaus eine Erwachsenensache. Zwar ist er beim ersten Mal – meist im Teenageralter – für viele von uns besonders einschneidend, was sich schon allein daran zeigt, dass fast jeder Mensch sich ein Leben lang an seinen ersten Liebeskummer erinnern kann. Aber seien wir doch mal ehrlich: Im Unterschied zur Teenagerliebe hängt an einer Partnerschaft zwischen Erwachsenen meist viel mehr als »nur« die Liebe, etwa gemeinsame Zukunftspläne, vielleicht eine gemeinsame Wohnung oder gemeinsame Kinder. Kurzum: Zerbricht eine erwachsene Partnerschaft, gerät oft auch der ganze Lebensplan aus den Fugen. Wer würde nicht darunter leiden?

Ich möchte außerdem Dich ganz persönlich ermutigen, offen mit Deinen Gefühlen umzugehen. Es ist wichtig, dass Du mindestens einen oder zwei Menschen in Deinem Umfeld hast, mit denen Du ganz ehrlich auch über Deine düstersten Gedanken und Ängste sprechen kannst. Im Optimalfall sind es Freunde oder jemand aus der Familie, aber es gibt auch zahlreiche Liebeskummer-Foren im Internet, in denen Du Dich mit anderen Usern austauschen kannst. Unter dem Strich zählt, dass Du Trost und Unterstützung bekommst – aber auch, dass Du erkennst, dass Liebeskummer zum Leben der meisten Menschen dazugehört. Erst wenn mehr Menschen zu ihren Gefühlen stehen, ist ein öffentliches Umdenken möglich. Wir alle vergöttern die Liebe, wir zelebrieren sie, wir schreien sie in die Welt hinaus. Und Liebeskummer ist nicht mehr und nicht weniger als die Kehrseite dieses schönsten Gefühls, das wir kennen. Entsprechend ernst sollten wir ihn nehmen. Aber nie vergessen, dass wir nur so leiden, weil es vorher so schön war. Und dass die Medaille sich auch wieder wenden wird.

**Ergebnisse einer *Liebeskümmerer*-Umfrage
unter 700 Frauen und Männern im Sommer 2012:**

- 91 Prozent der Befragten bezeichnen Liebeskummer als ein »unterschätztes Leiden«.
- 77 Prozent der Befragten empfinden die Lebenskrise Liebeskummer als »stark« (zwischen 8 und 10 Punkten auf einer Skala von 1 / schwach bis 10 / sehr stark).
- Der Großteil der Befragten vergleicht Liebeskummer mit einer Depression oder dem Verlust durch den Tod eines nahestehenden Menschen.
- 40 Prozent aller Befragten mussten sich schon einmal wegen Liebeskummer krankschreiben lassen.

Du hast Liebeskummer und erlebst damit die Kehrseite des schönsten Gefühls, das wir Menschen kennen. Es steht Dir zu, traurig zu sein, Du brauchst Dich für Deine Gefühle nicht zu schämen. Anderen erwachsenen Menschen geht es genauso, auch wenn sie es häufig nicht zeigen.

♥

3. Liebeskummer steht mir nur nach einer Trennung zu!

Als ich im Sommer 2012 im Rahmen eines TV-Auftritts den Aufruf zur Teilnahme an meinem ersten Buch »Schluss mit Kummer, Liebes!« startete, meldeten sich mehrere Hundert Frauen und Männer, die mir ihre persönliche Liebeskummer-Geschichte erzählen wollten – damit ich, natürlich anonymisiert, über sie schreiben konnte. Ich war von der Masse der Zuschriften, aber auch von deren Vielfalt vollkommen überwältigt. Von der »klassischen« Trennung nach 20 Ehejahren bis zur lebenslangen heimlichen Liebe zu einer ehemaligen Schulkameradin war alles dabei. Nur beispielhaft habe ich hier mal ein paar Originalzitate aus den Mails eingefügt, die mich damals erreichten:

»Liebe Frau Sohn, ich würde Ihnen sehr gern meine Geschichte erzählen. Allerdings bin ich unsicher, ob sie überhaupt in Frage kommt, weil ich zwar schlimmen Liebeskummer, aber keine Trennung hinter mir habe. Ich bin schon lang unglücklich in einen Kollegen verliebt.«

»Hallo, liebe Liebeskümmerer, ist Euch schon mal jemand begegnet, der Dauersingle ist? Das ist doch auch eine Art von Kummer mit der Liebe. Ich bin 36 und seit über zehn Jahren solo. Immer wieder begegnen mir Männer, bei denen ich denke, ja, jetzt, jetzt wird es – und dann klappt es doch nicht. Das ist so fürchterlich enttäuschend. Langsam gebe ich die Hoffnung auf.«

»Hier meine Geschichte: Anfang April 2011 entstand ein Kontakt mit einer Frau aus St. Petersburg auf der Internetseite ›InterFriendship‹, auf der osteuropäische Frauen nach Kontakten zu westeuropäischen Männern suchen. Ende Juni trafen wir uns in St. Petersburg. Während dieser Woche verliebte ich mich in sie. Wir verabredeten, dass sie mich im Januar 2012 besuchen und vielleicht im September 2012 zu mir nach Deutschland ziehen könnte. Danach hatten wir noch zwei Wochen lang intensiven Mailkontakt. Bis sie mir lapidar mitteilte, dass sie nachgedacht hätte über uns und zu dem Schluss gekommen sei, dass unser Altersunterschied zu groß sei und sie deshalb nicht mit mir zusammenleben könne.«

»Ich schäme mich regelrecht, es schwarz auf weiß aufzuschreiben, aber ich bin seit fast vier Jahren die Affäre eines verheirateten Mannes. Niemals hätte ich mir so was zugetraut, Frau Sohn! Sechsmal habe ich versucht, Schluss zu machen, aber er fängt mich immer wieder ein und wickelt mich um den Finger.«

»Liebe Frau Sohn, seit unserer Trennung vor vier Monaten leidet meine Exfrau fürchterlich. Ich weiß das, weil nicht nur sie, sondern auch gemeinsame Freunde es mir immer wieder unter die Nase reiben. Aber: Mir geht es auch schlecht! Ich fühle mich zu Unrecht zum Buhmann abgestempelt und habe deswegen beschlossen, Ihnen zu schreiben, um zu sagen: Auch sich zu trennen tut weh!«

Die Liste der Liebeskummer-Auslöser ist lang, wie Du siehst, und ich könnte sie noch seitenweise fortführen. Da das den Rahmen sprengen würde und eine detaillierte Auflistung auch gar nicht so wichtig ist, möchte ich Dir nur einen kurzen Überblick über die Ursachen geben, die unserem Team in den vergangenen Jahren am häufigsten begegnet sind:

- ♥ Mein Partner hat mich verlassen.
- ♥ Mein Partner hat mich betrogen, daraufhin habe ich ihn verlassen.
- ♥ Mein Partner misshandelt mich (körperlich, emotional), und trotzdem komme ich nicht von ihm los.
- ♥ Ich stecke in einer On-off-Beziehung und weiß nicht, wie es weitergehen soll.
- ♥ Ich bin Teil einer Affäre / Dreiecksbeziehung.
- ♥ Ich bin unglücklich verliebt (in einen Arbeitskollegen, Nachbarn, Bekannten).
- ♥ Ich weiß nicht, ob ich mich trennen soll.
- ♥ Ich habe mich von meinem Partner getrennt, aber trotzdem geht es mir schlecht.
- ♥ Ich finde einfach keinen Partner.
- ♥ Ich stecke in einer heterosexuellen Beziehung und habe gemerkt, dass ich homosexuell bin.

Vermutlich gehörst auch Du in irgendeine dieser Kategorien. Und vollkommen unabhängig davon, welche es ist: Wenn Du dieses Buch in Deinen Händen hältst, dann ist es richtig und wichtig, dass Du Deinen Kummer ernst nimmst. Denn offensichtlich geht es Dir nicht gut, sonst hättest Du gar nicht erst zu lesen begonnen. Das ist alles, was zählt. In Bezug auf Liebeskummer gibt es kein Falsch oder Richtig und auch nicht so was wie offiziell zugelassene Auslöser. Genauso wenig muss es zwangsläufig sein, dass man als Verlassener *immer* Liebeskummer hat. So kann es passieren, dass bei einer Trennung nach 20 Ehejahren keiner von beiden besonders schlimm leidet, während das Ende einer dreimonatigen Affäre zwei Menschen fürchterlich unglücklich macht. Objektive Parameter im Sinne von »Scheidung ist schlimmer als Trennung«, »nach zehn Jahren Beziehung ist eine Trennung schmerzhafter als nach zehn Monaten« oder »Liebeskummer hat man nur, wenn man mit jemandem fest zusammen war« existieren nicht. Maßgeblich ist einzig Dein Herz. Und das stellt sich nicht an.

Wann immer ich in »Goodbye Herzschmerz« also von *Trennung* und Deinem *Expartner* spreche, dann tue ich das nur für die bessere Lesbarkeit – weil es zu kompliziert wäre, jedes Mal auf die vielen anderen denkbaren Konstellationen hinzuweisen. Falls bei Dir keine klassische Trennung vorliegt oder Du mit dem Auslöser Deines Liebeskummers keine feste Beziehung geführt hast, bist Du aber genauso gemeint!

♥

Für Liebeskummer gibt es viele verschiedene Gründe, die weit über das klassische Verlassenwerden hinausgehen. Für all diese Gründe gibt es keine Rangliste, die Dich zu mehr oder weniger Kummer berechtigt, denn jeder Mensch empfindet das vollkommen individuell. Wenn Dein Herz Liebeskummer hat, dann nimm es ernst – vollkommen egal, was vorgefallen ist.

♥

4. Ich werde nie wieder richtig glücklich sein!

Die Angst, nie wieder richtig glücklich zu werden, gehört zum Liebeskummer wie das Kribbeln im Bauch zum Verliebtsein. Fast jeder hat sie, auch wenn sie beim einen stärker und bei der anderen weniger stark ausgeprägt ist. Wir lieben und entbehren schließlich nicht irgendwen, sondern einen ganz bestimmten, für uns einzigartigen Menschen. Wir sind davon überzeugt, dass genau er oder sie der richtige Partner an unserer Seite wäre. Ohne diesen einen Mann oder diese eine Frau, so kommt es uns vor, wird uns für immer etwas fehlen. Und deshalb werden wir in unserem Leben in der Konsequenz nie (wieder) richtig glücklich sein.

Auch wenn der Kern dieses Gedankens, die Idee von *dem einen perfekten Partner* und *der einen großen Liebe,* unglaublich romantisch und vollkommen nachvollziehbar ist, so ist er gleichzeitig eben wahnsinnig riskant. Denn so sehr wir auch leiden und uns auf den Kopf stellen, wir können niemanden dazu zwingen, uns zu lieben und mit uns zusammen zu sein – auch nicht, wenn wir uns noch so sicher sind, dass derjenige in unser Leben gehört, und alle guten Argumente für uns sprechen.

Eine Zeitlang können wir kämpfen. Doch wenn das nichts bringt, was dann? Wir haben die Wahl, uns selbst zugunsten der gescheiterten Liebesbeziehung aufzugeben. Oder die Liebe zu uns selbst noch ein kleines Stückchen über die Liebe zum verlorenen Partner zu stellen und unser Lebensglück nicht länger von diesem Menschen abhängig zu machen.

Jede Frau und jeder Mann mit Liebeskummer macht mehr oder weniger bewusst diesen Entscheidungsprozess durch. Um ihn für Dich vielleicht ein bisschen zu vereinfachen und zu beschleunigen, habe ich die folgenden Denkanstöße aus Kundengesprächen für Dich zusammengestellt:

Denkanstoß von Julia (35): Mit ist klargeworden, dass das mit uns nie wieder die große Liebe sein kann.
»Wochenlang habe ich jetzt zu Hause gesessen und mir ausgemalt, wie schön es wäre, wieder mit Tobias zusammen zu sein. Niemand vor ihm konnte mir so viel Geborgenheit geben, bei ihm hab ich mich zu Hause gefühlt. Das fehlt mir wahnsinnig. Deshalb habe ich ihn noch mal um ein Gespräch gebeten. Mir tagelang vorher zurechtgelegt, was ich sagen wollte, um ihn zurückzugewinnen. Dann kam er zu mir, und etwas ganz Verrücktes ist passiert: Der Mann in meiner Küche sah zwar aus wie Tobias, aber er fühlte sich nicht mehr so an. Er war distanziert mir gegenüber, irgendwie auf dem Sprung. So als könnte er es gar nicht erwarten, den Abend anderswo zu beenden, vielleicht mit einer anderen Frau. Das war verletzend. Und es hat mir gezeigt, dass die Sache mit uns nie wieder gut sein kann. Wenn einmal ein Bruch entsteht, ist das Vertrauen kaputt, und ich bin inzwischen davon überzeugt, dass sich das nicht kitten lässt. Es kann nie mehr werden, wie es mal war. Als Tobias ging, war ich unendlich traurig. Aber auch irgendwie befreit. Jetzt kann ich nach vorn schauen.«

Denkanstoß von Laura (39): Gibt es die eine große Liebe überhaupt?
»Ich habe mich in letzter Zeit gefragt, woher meine Vorstellung von der einen, der einzigen großen Liebe eigentlich kommt. Vor allem, wie realistisch sie ist. Wegen der Trennung von Heiko ging es mir nämlich schon anderthalb Jahre schlecht, und wenn ich ehrlich bin, war ich darauf bisher sogar ein bisschen stolz. Dass ich immer noch jeden Tag an ihn dachte und mich andere Männer total kaltließen. Weil ich nicht so ein Fähnlein im Winde bin. Wenn ich jemanden liebe, dann geht das ja nicht vorbei, nur weil derjenige sich von mir trennt. Aber dann kam mir eben dieser Gedanke: Was ist, wenn das, was ich gerade mache, nicht richtig ist, sondern richtig dumm? Wenn ich nur Zeit vergeude und mich selbst blockiere, indem ich an meiner Idee von der einen großen Liebe festhalte? Denn ist die nicht vor allem eine Illusion aus Hollywood? Wie viele Paare gibt es überhaupt, die wirklich aus Liebe ihr ganzes Leben miteinander verbringen und nicht, weil ganz andere Dinge, wie zum Beispiel finanzielle Abhängigkeit, da mit reinspielen? Vielleicht ist Heiko gar nicht meine eine große Liebe, sondern eine meiner großen Lieben. Ist das nicht mindestens genauso wertvoll? Seit ich das so sehe, geht es mir jedenfalls irgendwie besser.«

Denkanstoß von Kurt (51): Der Liebeskummer war für mich eine riesige Chance.
»Meine Trennung von Karin – beziehungsweise der Tag, an dem sie mich verließ – liegt jetzt schon fünf Jahre zurück. Ich bin vor Kummer durch die Hölle gegangen, ehr-

lich. Ich konnte so lange nicht arbeiten, dass ich am Ende meinen Job verloren habe. Irgendwann war ich pleite und musste sogar unser gemeinsames Haus verkaufen. Trotzdem bin ich Karin heute dankbar, dass sie sich damals von mir getrennt hat. Denn auf dem Tiefpunkt meiner Krise musste ich notgedrungen mein ganzes Leben verändern. Ich habe den alten Ballast von mir geworfen und meinen Jugendtraum wahr gemacht: Als Fotograf reise ich seitdem um die Welt. Ich bin frei, unabhängig und so glücklich wie noch nie zuvor in meinem Leben. Und das, obwohl es noch keine neue Beziehung gibt. Natürlich freue ich mich, wenn ich mich irgendwann wieder verliebe. Aber ich habe verstanden, dass mein Glück davon nicht abhängt.«

Denkanstoß von Götz (34): Nach meiner vorletzten Beziehung habe ich mich ja auch wieder neu verliebt…
»Gerade habe ich das Gefühl, es kann nie wieder eine Frau so gut zu mir passen wie Mareike. Mit uns, das war etwas Besonderes. Irgendwie perfekt. Mareike sieht nicht nur unglaublich toll aus, sie war für mich Geliebte und beste Freundin in einer Person. Eine so schöne Beziehung wie mit ihr hatte ich noch nie. Wenn ich ganz ehrlich bin, habe ich das allerdings bisher von jeder der vier wichtigen Partnerinnen in meinem Leben gedacht. Jede von ihnen war eine Steigerung zur letzten. Und nach jeder Trennung, egal ob sie von mir oder der Frau ausging, dachte ich, das lässt sich jetzt nicht mehr toppen. Geklappt hat es dann trotzdem immer. Insofern versuche ich, mir gerade ganz rational klarzumachen, dass es wieder so kommen wird. Wäre zumindest irgendwie

logisch. Ich meine: Unvorstellbar, wenn ich nach meiner Ex-Ex-Freundin damals die Flinte ins Korn geworfen hätte – dann wäre ich Mareike niemals begegnet! Und ohne Quatsch, da hätte ich wirklich was versäumt...«

Du siehst, es gibt viele nachvollziehbare Gründe, davon auszugehen, dass auch Du bald wieder glücklich sein wirst – selbst wenn es Dir jetzt fast unmöglich erscheint. Natürlich kann Dir niemand mit hundertprozentiger Gewissheit versprechen, dass Du Dich zeitnah neu verlieben wirst. Denn keiner von uns kann in die Zukunft blicken. Aber zum einen ist es sehr wahrscheinlich, dass es passiert. Und zum anderen gibt es noch viele andere Dinge im Leben, die Dich glücklich machen können. Um die Suche nach ihnen wird es später noch ausführlich gehen.

♥

Gerade hast Du das Gefühl, dass Du ohne den einen Mann oder die eine Frau nie wieder wirst glücklich sein können. Das ist zum Glück falsch. Denn zum einen haben wir Menschen die wunderbare Gabe, uns mehrfach im Leben verlieben zu können. Zum anderen gibt es über Partnerschaft hinaus noch viele andere Dinge, aus denen Du Glück schöpfen kannst. Keine Liebe dieser Welt ist es wert, Dein Leben für sie zu opfern – auch nicht im übertragenen Sinne.

♥

5. Ich bin meinem Liebeskummer wehrlos ausgeliefert.

Jeder, der schon einmal schlimmen Liebeskummer hatte, kennt diesen Moment: Man sitzt da und wünscht sich, dass das einfach nur noch aufhören möge. Man ist so erschöpft vom ständigen Grübeln und Weinen und wäre inzwischen bereit, alle Erinnerungen an den Expartner – auch die schönen! – zu löschen, wenn es bloß so eine Art Erase-Taste gäbe. Ein spontaner Gedächtnisverlust scheint einem die einzige Möglichkeit zu sein, den Schmerz loszuwerden. Aus eigener Kraft, so kommt es einem vor, wird man es jedenfalls nicht schaffen.

Oft ist es genau diese Liebeskummer-Ohnmacht, die Menschen dazu bringt, die Hilfe der *Liebeskümmerer* in Anspruch zu nehmen. Sie wissen nicht, wohin mit sich, fühlen sich dem Kummer wehrlos ausgeliefert. »Was hast Du denn bisher gegen Deinen Liebeskummer gemacht?« ist im Beratungsgespräch dann häufig eine meiner ersten Fragen, und ich bekomme nicht selten die Antwort: »Außer weinen eigentlich gar nichts Besonderes – ich habe gedacht, mir kann eh nur die Zeit helfen. Irgendwann muss es ja vorbei sein.« Hm. Das ist natürlich eine Strategie, die man anwenden kann, die Sache einfach auszusitzen. Aber sie ist nicht nur langwierig und schmerzhaft, sie bringt einen vor allem nicht weiter als bestenfalls über den akuten Schmerz hinweg.

Wer seinem Liebeskummer hingegen die Stirn bietet, anstatt ihn nur auszuhalten, dem geht es nicht nur schneller besser, sondern der lernt auch noch jede Menge über sich selbst, wovon er anschließend profitieren kann. Du hältst dieses Buch in Deinen Händen und hast daher augenscheinlich schon beschlossen, die Sache in die Hand zu nehmen. Das ist super! Umso mehr möchte ich Dich darin bestärken, dass Du das Richtige tust. In den späteren Kapiteln wird es um konkrete Maßnahmen gehen, die Du gegen Deinen Liebeskummer anwenden kannst, und ich werde Dir zeigen, wie Du in Zukunft neuem Liebeskummer vorbeugst. Das erfordert Mut, Disziplin und Kraft, und es wird anstrengend – dennoch verspreche ich Dir, dass Du Dich niemals wieder so wehrlos und ausgeliefert fühlen wirst wie während der oben erwähnten »Liebeskummer-Ohnmacht«.

Du bist Deinem Liebeskummer nicht wehrlos ausgeliefert. Falls Du Dich dennoch so fühlst, hast Du lediglich noch nicht die richtigen Gegenmittel an der Hand. Um sie wird es in den folgenden Kapiteln gehen.

6. Während ich leide, denkt mein Expartner schon gar nicht mehr an mich.

Dieses Thema liegt mir besonders am Herzen. Weil ich schon so viele Menschen erlebt habe, die unter genau diesem Gedanken besonders schlimm gelitten haben – und im Nachhinein hat sich fast immer herausgestellt, wie unnötig das war.

In der Regel verändert sich nach einer Trennung das Kommunikationsverhalten zwischen zwei Expartnern drastisch. Hat man vorher täglich mehrfach miteinander gesprochen, so wird jetzt nur noch alle paar Tage oder Wochen eine SMS ausgetauscht, eine E-Mail geschrieben, ab und zu gibt es mal einen Anruf oder ein Treffen. Oft bricht einer von beiden den Kontakt auch vollkommen ab.

Die Kommunikation, wenn sie denn stattfindet, ist mit einem Mal ungewohnt verkrampft, meist kurz angebunden, jedes Wort wird auf die Goldwaage gelegt. In Situationen, in denen man eigentlich das Bedürfnis hätte, dem anderen schon allein aus purer Gewohnheit von irgendeinem Erlebnis zu erzählen, unterdrückt man den Impuls, zum Telefon zu greifen. Der Verlassene tut das, weil er keinen falschen Eindruck machen will (»Ich laufe ihm/ihr hinterher«), der Verlassende, weil er keine falschen Hoffnungen wecken möchte (»Ich hab das mit der Trennung gar nicht so gemeint«). Beide nehmen also kopf- und vernunftgesteuert Einfluss auf ihre Art zu kommunizieren – was nachvollziehbar ist, aber leider nicht selten zu einem großen Missverständnis führt:

»Während ich mir hier die Augen ausheule, denkt er schon gar nicht mehr an mich.« – »Sie hat sich seit der Trennung vor vier Wochen nur einmal kurz per SMS bei mir gemeldet, das sagt ja schon alles. Sie ist längst drüber weg.«

Diese und ähnliche Sätze habe ich in den letzten fünf Jahren unendlich häufig gehört. Ausgesprochen wurden sie von den Betroffenen mit an Gewissheit grenzender Überzeugung. Und leider auch mit großem Schmerz. Denn natürlich ist die Vorstellung, dass der andere einen nicht nur nicht mehr liebt oder mit einem zusammen sein will, sondern einen längst vergessen hat, so ziemlich das Schlimmste, was man sich bei Liebeskummer vorstellen kann.

Aber – und zum Glück gibt es ein großes Aber – ich bin in der glücklichen Lage, dass ich oft miterleben durfte, wie es nach Monaten des Schweigens zwischen zwei Expartnern wieder zu einem längeren Gespräch oder sogar zu einer Annäherung kam. Und was sich dann zeigte, war wirklich spannend. Denn das Thema »Ich war überzeugt, du denkst gar nicht mehr an mich« kam so gut wie immer auf den Tisch. Mit dem folgenden Ergebnis:

In der absoluten Mehrheit der Fälle hatte der längst vollkommen abwesend geglaubte Expartner *natürlich doch* noch an meine Kundin oder meinen Kunden gedacht. Meist fielen Formulierungen wie »Logisch fehlst du mir auch, was denkst du denn« oder »Ein paarmal hätte ich dich beinahe angerufen« oder »Wenn ich durch die Stadt fahre, gucke ich immer noch nach Autos, die so aussehen wie deins«. Nun könnte man sagen, klar, was soll der- oder diejenige in so einer direkten Konfrontation auch anderes sagen? »Nö, du, ich hab gar nicht mehr an dich gedacht«? Wohl kaum. Dennoch bin ich mir sicher, dass die Expartner in diesen Gesprächen ehrlich waren und das alles nicht nur erzählt haben, um selbst besser dazustehen. Dafür waren ihre Beschreibungen der eigenen Gefühls- und Gedankenwelt nämlich viel zu präzise, gespickt mit konkreten Beispielen und wurden vor allem oft von ganz allein ausgesprochen. Außerdem: Hast Du Dich selbst schon einmal getrennt? Und hast Du

Deinen oder Deine Ex dann sofort vergessen? Bestimmt nicht.

Was ich damit sagen möchte: Nach einer Trennung spricht man seltener und anders miteinander als vorher. Das bedeutet aber nicht, dass man einander vergisst! Kein Mensch ist dem anderen nach einer Trennung plötzlich völlig egal, und bei beiden hinterlässt das Auseinandergehen nach einer Partnerschaft vorerst ein Loch – übrigens sogar dann, wenn schnell »Ersatz« da ist. Du kannst Dir mit wirklich großer Wahrscheinlichkeit also sicher sein, dass Dein Expartner auch noch an Dich denkt, selbst wenn er es Dich selten oder gar nicht wissen lässt. Vielleicht will er nicht in Eure Partnerschaft zurück – aber das bedeutet nicht, dass Du ihm gleichgültig bist. Mach Dir durch solche Vermutungen bitte nicht zusätzlich das Leben schwer. Wenn Dein Partner Dich verlassen hat, heißt das nicht, dass Du nicht liebenswert bist. Sondern nur, dass es zwischen Euch beiden nicht mehr gepasst hat.

Durch das veränderte Kommunikationsverhalten, das Teil jedes Trennungsprozesses ist, kannst Du schnell den Eindruck bekommen, Dein Expartner würde gar nicht mehr an Dich denken. In den allermeisten Fällen stimmt das aber nicht. Du bist Deinem Expartner nicht egal. Sofern er jedoch von der Trennung überzeugt ist, möchte er Dir mit großer Wahrscheinlichkeit vor allem keine falschen Hoffnungen machen.

♥

Noch ein Gedanke für Dich

Sollte Dein Expartner wirklich zu der kleinen Gruppe derer gehören, die nach einer Trennung einen anderen Menschen vollkommen aus dem Bewusstsein streichen und gedankenlos weitermachen, dann muss ich leider sagen: Er ist Deinen Kummer nicht wert.

So weit zu den sechs größten Irrtümern des Liebeskummers. Ich hoffe, dass Du jetzt schon etwas erleichtert bist. Entspann Dich, mach es Dir gemütlich, und konzentriere Dich nun auf die folgenden Seiten.

♥ Kapitel 3 ♥

Liebeskummer verstehen und ernst nehmen: Was sagt die Wissenschaft?

Ich finde, allein der deutsche Begriff »Liebeskummer« lädt nicht sonderlich dazu ein, den damit gemeinten Zustand ernst zu nehmen – weder die Betroffenen selbst noch ihr Umfeld. *Liebeskummer*, das klingt ein bisschen nach »na ja, da ist man halt mal ein bisschen traurig« oder »wird schon wieder«. Dass Liebeskummer für viele Menschen eine schwere, für manche sogar eine existentiell bedrohliche Lebenskrise bedeutet, das kann man anhand des Wortes zumindest kaum erahnen. Wie oft habe ich deswegen schon über einen passenderen Ausdruck nachgedacht: Liebesdepression, Trennungskrise, Trennungssyndrom, Liebesnot, Liebeskrankheit – klingt aber alles irgendwie blöd. Das englische »lovesickness« bringt den Zustand schon viel besser auf den Punkt. Denn wer Liebeskummer hat, ist zweifelsohne krank, und zwar häufig nicht nur seelisch, sondern auch körperlich. Im folgenden Kapitel möchte ich Dir daher einen Überblick darüber geben, zu welchen Ergebnissen Wissenschaftler gekommen sind, die sich dem Liebeskummer aus psychologischer oder auch medizinischer Perspektive als Forschungsthema widmen. Vielleicht hilft Dir das, vieles, was Du gerade erlebst, besser zu verstehen und einzuordnen.

Die psychologische Einordnung: Liebeskummer ist eine Anpassungsstörung.

Die meisten Menschen, die Liebeskummer haben, vergleichen ihren Zustand mit dem, was sie unter einer Depression verstehen. Wenn man die Symptome des Liebeskummers betrachtet, macht das aus psychologischer Sicht auch absolut Sinn – früher sprach man deshalb sogar ganz konkret von einer »reaktiven Depression«, einer depressiven Verstimmung beziehungsweise Phase also, der ein bestimmtes Ereignis, ein Auslöser, zugrunde liegt.

Inzwischen hat sich die psychologische Terminologie allerdings verändert, um einzelne seelische Erkrankungen oder Auffälligkeiten und deren Ursachen präziser voneinander abgrenzen zu können. Seitdem würde man im Zusammenhang mit Liebeskummer in der Regel von einer »Anpassungsstörung« sprechen – was so viel bedeutet wie: Ein Mensch hat Probleme, sich an eine neue Lebenssituation anzupassen (im Prinzip kann es dabei natürlich auch um viele andere Themen als Liebeskummer gehen). Und das kann und darf dauern:

Die offizielle Definition der Diagnose Anpassungsstörung geht davon aus, dass sie *bis zu zwei Jahre* anhalten kann. Von wegen »Liebeskummer muss nach drei Monaten vorbei sein« – da haben wir es wieder! Erst, wenn Liebeskummer länger als zwei Jahre dauert, gilt er als chronifiziert und ist deshalb behandlungsbedürftig. Was natürlich nicht heißt, dass eine Therapie aufgrund der Intensität der »Störung« nicht schon viel früher sinnvoll oder gar notwendig sein kann. Aber dazu später mehr.

Die ICD (International Statistical Classification of Diseases and Related Health Problems), das internationale Diagnoseklassifikationssystem der Medizin, beschreibt die Anpassungsstörung in der aktuellen Fassung wie folgt:

Definition einer Anpassungsstörung laut ICD-10

»Hierbei handelt es sich um Zustände von subjektiver Bedrängnis und emotionaler Beeinträchtigung, die im Allgemeinen soziale Funktionen und Leistungen behindern und während des Anpassungsprozesses nach einer entscheidenden Lebensveränderung oder nach belastenden Lebensereignissen auftreten. Die Belastung kann das soziale Netz des Betroffenen beschädigt haben (wie bei einem Trauerfall oder Trennungserlebnissen) oder das weitere Umfeld sozialer Unterstützung oder soziale Werte (wie bei Emigration oder nach Flucht). (...) Die Anzeichen sind unterschiedlich und umfassen depressive Stimmung, Angst oder Sorge (oder eine Mischung von diesen). Außerdem kann ein Gefühl bestehen, mit den alltäglichen Gegebenheiten nicht zurechtzukommen, diese nicht vorausplanen oder fortsetzen zu können.«

Die hier zusammengefassten Symptome der Anpassungsstörung, »depressive Stimmung, Angst oder Sorge«, bedeuten im Einzelnen: Trauer, Freudlosigkeit, Grübeln, ein Gefühl der Leere, Veränderungen im Sozialverhalten bis hin zum Rückzug, Probleme mit Nähe und Distanz und natürlich die psychosomatischen Symptome wie Schlafstörungen, Appetitlosigkeit, Kopfschmerzen, Durchfall, Magenkrämpfe und die daraus resultierende Schwächung des Immunsystems. Außerdem finden sich hier auch die im ersten Kapitel besprochenen Ängste wieder (*ich werde nie wieder glücklich, ich bin nicht normal*).

Vermutlich treten bei Dir nicht alle der genannten Symptome auf, aber ein paar von ihnen reichen leider schon aus, um einen ansonsten gesunden Menschen ziemlich aus der Bahn zu werfen. Dennoch – und das ist das Verrückte! – kommen nur wenige Betroffene auf die Idee, sich wegen Liebeskummers professionelle Hilfe zu suchen. Zu groß ist vermutlich die Angst, mit einer vermeintlichen »Lappalie« wie Liebeskummer nicht ernst genommen zu werden. Nennt man den Liebeskummer allerdings nicht mehr Liebeskummer, sondern benutzt den psychologischen Fachbegriff »Anpassungsstörung«, so wird plötzlich klar, dass es sich durchaus um einen behandlungswürdigen und -bedürftigen Zustand handeln kann. Jede Scheu, deswegen Hilfe in Anspruch zu nehmen, ist völlig unnötig – kein Psychotherapeut dieser Welt wird Dich auslachen, wenn Du wegen Liebeskummer zu ihm kommst! Im Gegenteil:

Nach der Gründung der *Liebeskümmerer* habe ich Psychologen und Psychotherapeuten deutschlandweit über das neue Angebot informiert, und die Reaktion war fast überall gleich: »Endlich, was für eine dringend notwendige Dienstleistung!« Denn sie alle wissen, welche Spätfolgen Liebeskummer unbehandelt haben kann und in wie vielen Fällen genau er dahintersteckt, wenn Menschen wegen verschiedener psychischer und psychosomatischer Störungen zum Arzt oder Therapeuten kommen.

Aber wann ist es nun ratsam, professionelle Hilfe durch einen Arzt oder Therapeuten in Anspruch zu nehmen? Meine Faustregeln für diese Frage lauten wie folgt:

— *In jedem Fall notwendig* ist ein *sofortiger Termin* beim Psychotherapeuten, beim Arzt, im Krankenhaus oder einer ähnlichen Anlaufstelle, wenn Du Suizidgedanken hast! Ausrufezeichen! In den FAQ am Ende dieses Buches habe ich eine Liste von Ansprechpartnern für Dich zusammengestellt. Bitte handele noch heute!

— *In jedem Fall notwendig* ist ein Termin beim Psychotherapeuten außerdem, wenn Dein Liebeskummer über zwei Jahre andauert oder wenn er Dich länger als vier Wochen vollkommen außer Gefecht setzt (das heißt, Du kannst nicht arbeiten, keine alltäglichen Aufgaben erfüllen, nicht mehr für Deine Ernährung und Körperpflege sorgen). Gemeinsam könnt Ihr dann entscheiden, welche Behandlung für Dich in Frage kommt.

— *In jedem Fall notwendig* ist ein Termin beim Arzt, wenn Du über einen Zeitraum von mehr als zwei Wochen nicht richtig essen, trinken und schlafen kannst oder wenn Dir andere liebeskummerbedingte psychosomatische Beschwerden zu schaffen machen. Gemeinsam könnt Ihr dann überlegen, ob Du medikamentös behandelt werden kannst und/oder ob auch hier der Besuch beim Psychotherapeuten in Frage kommt.

- *Empfehlenswert* ist die Konsultation eines Psychotherapeuten oder eines Coachs (bitte schaue in den FAQ nach der Differenzierung) immer dann, wenn Du Deinen Liebeskummer als Ausgangspunkt nehmen willst, um mehr über Dich selbst und möglicherweise ungesunde Beziehungsmuster zu erfahren, oder wenn Du ganz persönlich das Gefühl hast, den Kummer nicht mehr aushalten zu können.

Das Phasenmodell des Liebeskummers

Die meisten psychologischen Ratgeber teilen Liebeskummer in verschiedene Phasen ein. Einerseits, um zu verdeutlichen, dass der Ablauf bei fast allen Menschen irgendwie ähnlich ist, andererseits um Dir Orientierung zu geben und Dir »das Licht am Ende des Tunnels« zu zeigen. Mal ist die Einteilung grob, mal sehr detailliert. Das am weitesten verbreitete Modell sind aber mit Sicherheit die *Vier Phasen des Liebeskummers*, die ich hier in Anlehnung an die großartige Psychologin und Psychotherapeutin Dr. Doris Wolf und ihr Buch »Wenn der Partner geht: Trennungsschmerz und Liebeskummer bewältigen« darstellen möchte:

Phase 1: Die Phase des Nicht-wahrhaben-Wollens
Das ist die Zeit direkt nach einer Trennung beziehungsweise einer gescheiterten Liebe. Das ganze Geschehen kommt einem vor wie ein böser Traum, aus dem man einfach nur aufwachen möchte. Menschen, die sich in dieser Situation an *Die Liebeskümmerer* wenden, sagen häufig Dinge wie »Ich kann das gar nicht fassen«, »Das

muss alles ein Irrtum sein« oder »Das kann er/sie doch nicht ernst meinen«.

Phase 2: Die Phase der aufbrechenden Gefühle
Wenn die erhoffte Wendung zum Guten nicht eintritt, steht irgendwann fest, dass das Geschehene Realität ist. Jetzt kommen all die eigentlichen Gefühle zum Vorschein: Trauer, Wut auf sich selbst und den anderen, Verzweiflung, Einsamkeit, Selbstzweifel. Meiner Erfahrung nach ist dies die schmerzhafteste Phase des Liebeskummers, weil alles so ausweglos erscheint. Man steckt jetzt richtig tief drin im Liebeskummer-Sumpf, und es kommt oft zu dem, was ich weiter oben als »Liebeskummer-Ohnmacht« bezeichnet habe. Der Großteil der Frauen und Männer, mit denen wir bei den *Liebeskümmerern* Berührung haben, steckt irgendwo in dieser Phase, die viele Monate lang andauern kann (aber nicht muss!).

Phase 3: Die Phase der Neuorientierung
Für mich die wichtigste Phase des Liebeskummers – denn sie entscheidet darüber, was man aus dieser Krise macht. Es geht jetzt darum, das Erlebte zu verarbeiten, Lehren daraus zu ziehen und vor allem: sich selbst teilweise neu zu erfinden. Wer bin ich ohne meinen Partner/diese Liebe? Bildlich gesprochen, füllen wir jetzt das Loch, das durch den Verlust des Partners in unserem Herzen entstanden ist. Und je stabiler die neuen Inhalte sind, mit denen wir das tun, umso höher ist die Wahrscheinlichkeit, dass das Geschehene zu einer echten Chance wird.

Phase 4: Die Phase des neuen Lebenskonzepts
Wer diese Phase erreicht hat, hat den eigentlichen Liebeskummer schon hinter sich – jetzt ernten wir quasi die Früchte der harten Zeit, die hinter uns liegt. Das eigene Leben ist neu sortiert und der Expartner nur noch ein Teil der persönlichen Vergangenheit, mit dem man im besten Fall sogar emotional versöhnt ist, so dass man zum Beispiel auch keine Wut mehr empfindet.

Mit Sicherheit fragst Du Dich jetzt, in welcher Phase Du gerade steckst – noch in Phase 2? Oder schon in Phase 3? Möglicherweise fällt es Dir gar nicht so leicht, das ganz genau zu sagen, und das verstehe ich gut. Meiner ganz praktischen Erfahrung nach ist das Phasenmodell zwar sinnvoll, um zu veranschaulichen, was zu einem Liebeskummerprozess alles »dazugehört«. Unrealistisch ist allerdings, es als vollkommen statisch und trennscharf zu betrachten. In Wahrheit sind die Phasen nach vorn und hinten durchlässig, so dass man auch immer mal wieder zwischen ihnen hin und her springt. Im einen Moment denkt man zum Beispiel, das Schlimmste hinter sich zu haben, im nächsten wirft einen die Sehnsucht nach dem Expartner dann doch wieder vollkommen um.

Wenn ich mit Kunden am Ende einer Beratung bin, sind sie häufig regelrecht euphorisch und überzeugt, von jetzt an nur noch nach vorn zu blicken. Nichts ist für mich natürlich schöner als das. Dennoch weise ich jede und jeden Einzelnen von ihnen explizit darauf hin, dass es trotz allem noch mal zu einem Rückfall kommen kann.

Denn wenn das passiert, muss man nicht in Panik geraten. Dieses Springen zwischen den Phasen ist ein vollkommen normaler Teil des Verarbeitungsprozesses, und das Wichtigste daran ist: Die Momente der Trauer und der Hoffnungslosigkeit werden immer, immer seltener. Du gehst manchmal einen Schritt zurück. Aber einen Tag oder eine Woche später gehst Du dafür gleich zwei Schritte nach vorn – weil Du auf Deinem Umweg wieder etwas gelernt hast. Der Weg aus dem Liebeskummer verläuft nicht linear. Er ist Dein persönlicher Weg mit kleinen Schleifen und größeren Bögen, und ein paar Rastplätze gibt es zwischendurch auch. Aber am Ende ist genau dies eben die Route, die Dich zu Deinem Ziel führt.

Körperliche Symptome von Liebeskummer und wann Du sie behandeln lassen solltest

Nicht schlafen können und *nicht essen können* sind meiner Erfahrung nach die beiden häufigsten körperlichen Symptome, unter denen Frauen und Männer bei Liebeskummer leiden. »In meinem Kopf herrscht so ein Chaos, vor lauter Grübeln komme ich nachts nicht zur Ruhe«, berichten sie mir dann, oder »Mein Magen ist wie zugeschnürt, jedes Mal, wenn etwas zu essen vor mir liegt«. Nicht selten nehmen Menschen nach einer Trennung oder gescheiterten Liebe zehn oder sogar 20 Kilo ab. Was ich bisher im Gegensatz dazu kaum erlebt habe – obwohl es sich als Hollywood-Klischee ja hartnäckig hält! –, sind Fressattacken mit Heißhunger auf Eiscreme oder Schokolade als Reaktion auf Liebeskummer. Aber logisch: Mit leeren Händen hätte Bridget Jones auf ihrem Sofa auch nicht so schön ausgesehen ...

Nun ist es natürlich nicht dramatisch, mal ein, zwei Tage schlechter zu schlafen oder keinen Appetit zu haben. Und selbst über einen längeren Zeitraum etwas weniger zu essen als normalerweise muss körperlich betrachtet noch keine Katastrophe sein.

Leider ist es häufig aber so, dass Menschen mit Liebeskummer über viele Tage oder sogar Wochen an einem vollkommen zugeschnürten Magen und absoluter Schlaflosigkeit leiden. Und dann sieht die Sache schon anders aus. »Ich habe seit über 72 Stunden nicht geschlafen, nichts gegessen und nur sehr wenig getrunken«, sagte mir mal ein 57-jähriger Mann zu Beginn der Beratung, »ich bin mit den Nerven am Ende, Frau Sohn.« Der Arme, kein Wunder, schoss es mir durch den Kopf. Denn selbst jemandem, der gerade keine Lebenskrise durchmacht, würde es miserabel gehen, wenn man ihm 72 Stunden lang nichts zu essen gäbe und ihn nicht schlafen ließe. Aber das Ganze dann auch noch in Kombination mit Liebeskummer – was für ein Zustand! Tatsächlich ist es so, dass in der akuten Phase nach einer Trennung oder Enttäuschung oft ein Teufelskreis in Gang kommt: Der Schmerz verhindert, dass man isst, trinkt und schläft. Der Körper reagiert auf diesen Mangel mit zunehmender Nervosität, Dünnhäutigkeit und Unruhe (wer schon einmal eine Diät gemacht hat, kennt das). In der Folge kann man den Liebeskummer noch schlechter ertragen, der Appetit nimmt weiter ab, und schon steckt man in besagtem Kreislauf fest.

Unser Notfall-Rat in dieser Situation, den ich damals auch dem 57-jährigen Mann gab, lautet: Wenn Du nichts essen kannst, dann musst Du wenigstens etwas Hochkalorisches trinken. Fruchtsäfte, Smoothies, Kakao, Softdrinks oder sogar Trinknahrung aus der Apotheke (die hat, je nach Sorte, fünfmal mehr Kalorien als zum Beispiel Orangensaft). Super wäre es außerdem, wenn Du zumindest in kleinen Mengen Nüsse, Bananen oder Avocados hinunterbekommst, denn die sind durch ihren Gehalt an B-Vitaminen und Magnesium besonders gut für die Nerven. Der Kunde befolgte damals unsere »Anti-Liebeskummer-Diät«. Und auch wenn es sicher nicht in erster Linie daran lag: Als es ihm etwas besserging, hat er seiner Exfreundin einen langen, offenen Brief über seine Gefühle geschrieben. Daraufhin sind die beiden tatsächlich wieder zusammengekommen.

Neben den beiden Hauptsymptomen gibt es natürlich eine ganze Reihe weiterer körperlicher Folgen des Liebeskummers. Im Speziellen: Bauchschmerzen oder Bauchkrämpfe – oft in Verbindung mit Durchfall –, Kopfschmerzen, Rückenverspannungen, Herzrasen, ständiges Kranksein (Erkältungen etc.) und – vor allem nach längerer Zeit – sogar Magengeschwüre. Glücklicherweise bisher nicht live begegnet ist mir das »Broken Heart Syndrome«. Dennoch möchte ich Dir zu dieser Herzerkrankung ein paar Informationen mitgeben, da sie lebensbedrohlich sein kann und, wie der Name schon sagt, in der Wissenschaft mit dem sprichwörtlichen gebrochenen Herzen in Verbindung gebracht wird. Vielleicht bist Du in den Medien schon einmal darauf gestoßen:

Das »Broken Heart Syndrome« (zu Deutsch auch »Stress-Kardiomyopathie«) ist eine Art Herzinfarkt: Es äußert sich durch heftige Brustschmerzen, Atemnot und damit verbundene Todesangst. Menschen, die mit diesen Symptomen ins Krankenhaus kommen, werden deshalb oft auch erst mal so behandelt, als hätten sie einen klassischen Herzinfarkt. Erst bei den Folgeuntersuchungen stellt sich dann heraus, dass bei den betroffenen Patienten kein Herzkranzgefäß verstopft ist, sondern dass ihr Blut voller Stresshormone ist, die zu einer Verengung der Gefäße führen. Die Behandlung erfolgt medikamentös.

So dramatisch, wie die Sache manchmal dargestellt wird, ist sie dennoch nicht. Zum einen kommt das Syndrom sehr selten vor. Zum anderen liegt das Risiko, an einem akuten Broken Heart Syndrome zu sterben, um ein Vielfaches unter dem des Todes durch einen Herzinfarkt: Die Sterblichkeitsrate beträgt beim gebrochenen Herzen etwa drei, bei einem Infarkt etwa 50 Prozent. Und auch das Alter und das Geschlecht spielen eine Rolle. Gefährdet sind vor allem Frauen jenseits der Wechseljahre. Mach Dir also keine zusätzlichen Sorgen, sondern präge Dir nur die Symptome ein. So kannst Du richtig reagieren – auch für Menschen in Deinem Umfeld. Denn nicht nur Liebeskummer kann das Broken Heart Syndrome auslösen, sondern jeder extreme seelische Stress.

Wie viele andere psychische Belastungen hat Liebeskummer also großen Einfluss auf unseren Körper. Manchmal ist das unmittelbar zu erkennen (wenn man zum Beispiel vor einem anstehenden Gespräch mit dem Expartner Magenkrämpfe bekommt), manchmal wundern wir uns aber auch über unterschiedliche Beschwerden und bringen sie erst mal gar nicht mit unserem seelischen Zustand in Verbindung (wenn zum Beispiel das Immunsystem durch den Stress geschwächt ist und man ständig Erkältungen hat). Da ich ganz fest an den Zusammenhang zwischen seelischer und körperlicher Gesundheit glaube, möchte ich Dich auch aus diesem Grund noch einmal bitten, Deinen Liebeskummer ernst zu nehmen. Zwar ist es vollkommen in Ordnung und häufig sogar empfehlenswert, wenn Du Dir gegen die akuten Symptome wie Schlaflosigkeit oder Schmerzen Medikamente aus der Apotheke besorgst. Auf Dauer hingegen ist es auch für Deinen Körper wichtig, dass Du das Problem bei der Wurzel packst. Wenn Du seit dem Beginn Deines Liebeskummers also vermehrt krank bist, dann ziehe bitte auch ihn als Ursache dafür in Erwägung und sprich zum Beispiel dem Arzt gegenüber Deinen Kummer direkt an.

Aktuelle Forschungsergebnisse zum Thema Liebeskummer im Überblick

Liebeskummer gehört leider nicht gerade zu den besterforschten »Erkrankungen«, aber gerade in den letzten Jahren haben sich Wissenschaftler verschiedener Disziplinen immer öfter mit dem Thema beschäftigt: Mediziner, Psychologen, Soziologen, von Kultur- und Literaturwissenschaftlern mal ganz abgesehen (man denke nur mal darüber nach, wie viele Lieder, Filme, Gedichte und Bücher von Liebeskummer handeln!). Ich kann Dir an dieser Stelle unmöglich einen Überblick über all ihre Ergebnisse geben, und das wäre vermutlich auch gar nicht so interessant. Aber zwei Studien habe ich exemplarisch herausgegriffen, da sie zum einen aktuell und zum anderen besonders aussagekräftig sind:

1. Liebeskummer ist Schmerz.

Im Jahr 2014 war in den USA und in der Schweiz ein großartiger Film in den Kinos zu sehen: »Sleepless in New York«. Eine Dokumentation des Schweizer Filmemachers Christian Frey über Frauen und Männer mit akutem Liebeskummer, die von der amerikanischen Anthropologin Helen Fisher betreut und untersucht wurden. Was mich daran am meisten beeindruckt hat, war, dass die Probanden von Fisher und ihrem Team einer funktionalen Magnetresonanztomographie (MRT) unterzogen wurden, quasi einem Durchleuchten des Kopfes. Währenddessen wurden ihnen Bilder des verlorenen Partners im Wechsel mit Bildern eines anderen, ihnen nahestehenden Menschen gezeigt, um die ausgelösten Gehirnaktivitäten miteinander vergleichen zu können. Dabei stellte sich heraus, dass sich im Hirn von Menschen mit Liebeskummer eine verhängnisvolle Kombination von Reaktionen abspielt:

Zum einen ist das Areal, in dem auch das Verliebtsein stattfindet, besonders aktiv – wer Liebeskummer hat, sehnt sich also wieder genauso stark wie ein ganz frisch Verliebter nach der Nähe des Expartners. Gleichzeitig ähnelt der Zustand dem eines Junkies auf Entzug. Die verlorene Liebe ist wie die Droge, die der Junkie dringend braucht. Außerdem sind die Areale im Gehirn besonders aktiv, die auch für das Empfinden von starken körperlichen Schmerzen (zum Beispiel Zahnschmerzen) verantwortlich sind. Sehnsucht, Abhängigkeit, Schmerz. Helen Fisher selbst ist im Film ganz betroffen, als sie das Ergebnis ihrer Forschung am Computerbildschirm vor sich hat: »Was für ein schlechter Deal. Du willst diese Person vergessen, und die Hirnregionen für romantische Liebe werden noch aktiver. Das Einzige, was du tun willst, wenn du verlassen wurdest, ist vergessen. Aber du liebst diese Person noch mehr als vorher.«

Wenn Du Liebeskummer hast, ist also nicht nur Dein Herz, sondern auch Dein Gehirn im Ausnahmezustand, medizinisch belegt und ohne jeden Zweifel.

2. Reden hilft.

Besonders aufschlussreich finde ich außerdem eine Studie, die im Frühjahr 2015 für Schlagzeilen gesorgt hat: Psychologen von der Northwestern University im amerikanischen Evanston wollten herausfinden, ob es besser ist, seinen Liebeskummer totzuschweigen oder über ihn zu reden. Interessant war das aus meiner Perspektive vor allem deshalb, weil die Arbeit der *Liebeskümmerer* natürlich auf Gesprächen basiert. Aber auch, weil ich immer wieder beobachte, wie unterschiedlich zum Beispiel Frauen und Männer mit ihrem Schmerz umgehen. Während Frauen mit ihnen nahestehenden Menschen wie Freundinnen, Eltern oder Geschwistern über ihren Kummer sprechen, höre ich von Männern immer wieder: »Du bist die einzige Person, der ich das alles erzählt habe.« Da ich selbst eine Frau bin und mich schon oft gefragt habe, wie man(n) das aushalten kann, nicht über den Kummer zu reden, war ich auf die Studienergebnisse also doppelt gespannt.

Die Wissenschaftler gingen folgendermaßen vor: Über einen Zeitraum von neun Wochen luden sie 210 frisch getrennte Frauen und Männer wiederholt zu sich in die Hochschule ein. Während ein Teil der Gruppe bei diesen Terminen gebeten wurde, immer wieder aufs Neue ganz detailliert über seinen Liebeskummer, seine Gedanken und Ängste zu sprechen, bat man die Kontrollgruppe lediglich, einen standardisierten Fragenbogen mit Ankreuz-Optionen auszufüllen. Die erste Gruppe setzte sich also sehr intensiv mit dem Schmerz auseinander, die zweite blieb an der Oberfläche. Das Ergebnis: Den Teilnehmern, die ständig über ihre Trennung gesprochen hatten, ging es am Ende des Untersuchungszeitraumes wesentlich besser als denen, die nur Kreuzchen abgaben.

Die Wissenschaftler erklärten sich diesen Effekt damit, dass die Frauen und Männer in der ersten Gruppe durch das häufige Ausformulieren ihrer Gedanken ihr »Selbstkonzept« schneller und besser verändern und eine neue, unabhängige Identität entwickeln konnten. Denn: Viele von uns neigen dazu, in Beziehungen die eigene Identität eng an die des Partners zu knüpfen. Wir haben nicht nur ähnliche Hobbys, dieselben Freunde und die gleiche Sprechweise, sondern der Partner fühlt sich mitunter »wie ein Teil« von uns an. Verlässt er uns, gerät dementsprechend unser ganzes Selbstbild ins Wanken. Über die Trennung zu sprechen, so bringen die Forscher aus den USA ihr Studienergebnis auf den Punkt, könne Betroffenen dabei helfen, ein besseres Verständnis dafür zu entwickeln, wer sie als Single seien. Und damit schneller wieder nach vorn zu blicken.

Wirklich überraschend fanden meine Kollegen und ich das natürlich nicht. Aber trotzdem ist es toll, wenn etwas, was man schon lange gespürt hat, wissenschaftlich belegt wird. Wann immer Du in Zukunft also mit jemandem über Deinen Liebeskummer sprichst, sei Dir sicher: Du tust das Richtige.

♥ Kapitel 4 ♥

Hand aufs Herz: Was Dein Liebeskummer (auch) mit Dir selbst zu tun hat

Bevor es nun gleich um all die Dinge gehen soll, die Du tun kannst, um Deinen Schmerz zu lindern und im besten Fall sogar zu heilen, möchte ich Dich bitten, mit mir gemeinsam über Folgendes nachzudenken: (Was) Hat Dein Liebeskummer auch mit Dir selbst zu tun?

Vielleicht verspürst Du beim ersten Lesen dieser Frage einen kleinen Widerstand im Bauch. Schließlich bist Du mit großer Wahrscheinlichkeit gegen Deinen Willen verlassen worden, wurdest schlimmstenfalls sogar betrogen oder jemand, den Du liebst, hat keine entsprechenden Gefühle für Dich. Gewünscht hast Du Dir den Liebeskummer jedenfalls nicht.

Und so richtig das auch ist, möchte ich dennoch behaupten, dass Liebeskummer immer auch etwas mit uns selbst zu tun hat. Zum einen, weil nie nur einer der beiden Partner zu hundert Prozent verantwortlich für das Scheitern einer Beziehung ist. Aber mir geht es vor allem darum, dass sich kein Mensch Liebeskummer aussucht, aber jeder darüber entscheidet, wie er mit ihm umgeht. Ob er ihm ausgeliefert ist oder ihm die Stirn zeigt. Ob er darauf wartet, dass ein Wunder geschieht, oder die Sache selbst in die Hand nimmt. Ob er die Verantwortung abgibt oder Verantwortung für sich selbst trägt.

Niemand (!) hat die Macht, Deinen Expartner zurückzuholen, seinen Charakter zu ändern, Eure Probleme zu lösen oder jemanden in Dich verliebt zu machen, auch wenn manche Ratgeber Dir das weismachen wollen. Es hat (zumindest aktuell) nicht geklappt mit Euch beiden, und auch wenn ich weiß, wie sehr Du Dich nach eindeutigen Erklärungen dafür sehnst, wirst Du vermutlich auf sie verzichten müssen. Zum einen, weil diese emotionalen Dinge nun mal nicht rational zu diskutieren sind. Zum anderen, weil Dein Expartner in den wenigsten Fällen vollkommen ehrlich zu Dir sein dürfte, aus Scham oder aus Furcht, Dich zu verletzen. Es ist schwer zu akzeptieren, aber: Der einzige Faktor, auf den Du jetzt wirklich verlässlichen Einfluss hast, bist Du selbst, sind Dein Denken und Dein Handeln. Je mehr Du Dich auf diese Tatsache einlassen kannst, umso besser und schneller wirst Du den Schmerz überwinden.

Natürlich heißt das nicht, dass Liebeskummer per se keine Berechtigung hätte. Trauer und Schmerz infolge einer gescheiterten Liebe sind völlig legitime Gefühle. Der entscheidende Knackpunkt ist jedoch ihre Intensität. Was nicht sein muss, aber leider sehr häufig passiert, ist, dass Liebeskummer sich zu richtiger Verzweiflung auswächst und möglicherweise sogar existentiell bedrohlich wird – wenn Du auf Grund Deines Liebeskummers im Extremfall also die Freude an Deinem eigenen Leben verlierst. Dann liegt meistens ein ganz bestimmter Denkfehler vor, der leider fatale Auswirkungen hat:

Es gibt in der griechischen Mythologie, in Platons »Symposion«, die Idee von den »Kugelmenschen«. Ihr zufolge waren die Menschen ursprünglich kugelförmige Wesen mit vier Armen, vier Beinen und zwei Gesichtern, die in entgegengesetzte Richtungen blickten. Diese Kugelmenschen waren so stark und mutig, dass sie irgendwann versuchten, die Götter anzugreifen. Um das zu verhindern, beschloss der Himmelsherrscher Zeus, die Kugelmenschen in jeweils zwei Hälften zu teilen – Männer und Frauen mit zwei Armen, zwei Beinen und nur einem Gesicht also, die heutigen Menschen. Zeus erreichte damit sein Ziel. Die »halben Kugelmenschen« litten jedoch schwer unter der Trennung von ihrer anderen Hälfte, fühlten sich unvollkommen und »wider ihre Natur«. Seither irren sie auf der Suche nach ihrem Gegenstück durch die Welt, weil nur eine Wiedervereinigung sie glücklich machen kann.

Auch wenn klar ist, dass niemand von uns solche Bilder für bare Münze nimmt – die Überzeugung, die dahintersteckt, ist leider auch heute noch allzu verbreitet. Sie äußert sich beispielsweise in Formulierungen wie »meine bessere Hälfte«, »mein Ein und Alles« oder wird mit Halsketten symbolisiert, die manche Paare tragen, an denen jeweils die eine Hälfte eines geteilten Herzens hängt.

Viele Menschen fühlen sich nur komplett, wenn sie in einer Partnerschaft sind. Und in der täglichen Arbeit der *Liebeskümmerer* hat sich gezeigt, dass sie es sind, die am schlimmsten unter Liebeskummer leiden. Weil sie Partnerschaft nicht als eine (wundervolle und wünschenswerte!) Ergänzung, sondern als den wichtigsten oder gar einzigen Schlüssel zum eigenen Lebensglück betrachten.

Genau das ist der Punkt, an dem sich entscheidet, wie schmerzhaft Liebeskummer ist. Und ob man beschließt, etwas gegen ihn zu unternehmen oder nicht.

Nun kann man sagen: Der Mensch ist einfach nicht fürs Alleinsein gemacht, Menschen sollen sich schließlich fortpflanzen, sind soziale Lebewesen etc. Und ja, das mag sein. Aber zum einen bedeutet *nicht in einer Partnerschaft* zu sein keinesfalls das Gleiche wie *allein* zu sein. Zum anderen ist Lebenszeit viel zu kostbar, um das eigene Glück von einem so schwer beeinflussbaren Faktor wie dem Finden eines passenden Partners abhängig zu machen – zumal in unserer heutigen Zeit, in der es den nachwachsenden Generationen zunehmend schwerfällt, sich über längere Phasen an jemanden zu binden (für »Schluss mit Kummer, Liebes!« habe ich ein ganzes Kapitel zum Thema »Bindungslosigkeit« geschrieben, wenn es Dich interessiert, schau dort auf Seite 70 unter dem Titel »Ungebunden« mal rein). Wie kommt es also, dass dennoch so viele Menschen sich wie »halb« fühlen, wenn sie nicht liiert sind (und häufig sogar lieber in einer schlechten Beziehung stecken, als ohne Partner zu sein)?

Wenn ich Frauen und Männer mit Liebeskummer danach frage, erhalte ich oft Antworten wie »Ich weiß auch nicht, irgendwie ist eine Partnerschaft/Ehe schon seit meiner Kindheit mein Lebensziel, das gehört für mich einfach dazu«, »Ich habe das Gefühl, dass alle anderen denken, mit mir stimmt irgendwas nicht, wenn ich ohne Partner bin« oder »Ich bin halt ein Beziehungsmensch«. Das »Lebensmodell« Partnerschaft scheint für viele von ihnen der einzig gangbare Lebensentwurf zu sein, steht für Erfolg, Glück und ein erfülltes Dasein. Und das ist wenig verwunderlich, schließlich prägt unsere Umwelt dieses Bild von Kindesbeinen an:

Schon im Sandkasten forcieren Eltern die ersten Küsschen zwischen ihren Töchtern und Söhnen, und auch im Fernsehen, im Kino, in Musik, Werbung und Literatur, überall geht es um die große Liebe, das »zweisame Happy End«. Und natürlich ist verliebt zu sein oder gar zu lieben ein wunderbares Gefühl. Aber nach meiner Beobachtung wird ihm in unserer Gesellschaft ein gefährlich hoher und unrealistischer Stellenwert beigemessen, der Menschen in tiefe Krisen stürzt, wenn es mit dem Ideal nicht klappt. Dann geht es beim Liebeskummer nicht »nur« um den Verlust einer konkreten Person, sondern auch um die eigene Angst: vor dem Alleinsein, vor innerer Leere, davor, nicht mehr dazuzugehören und emotionale Verantwortung für sich selbst tragen zu müssen.

Wenn ich also sage, Dein Liebeskummer hat vielleicht auch etwas mit Dir selbst zu tun, dann möchte ich Dich fragen: In welchem Maße ist Dein Lebensglück momentan auf Beziehung aufgebaut? Und trägt diese Gewichtung möglicherweise zu Deinem Schmerz bei? Meine Überzeugung ist: Partnerschaft sollte niemals der einzige oder entscheidende Schlüssel zum eigenen Lebensglück sein. Die Liebe zum Partner darf nicht wichtiger sein als die Liebe zu Dir selbst. Und die Frage, ob Du in einer Beziehung bist oder nicht, entscheidet schon gar nicht darüber, wie liebenswert, erfolgreich oder erfüllt Du bist. Du bist weder ein halbierter Kugelmensch, noch fehlt Deinem

Herzen zur Vollständigkeit irgendein Stück, das einem anderen Menschen gehört. Du bist komplett, so wie Du auf die Welt gekommen bist. Daran ändert keine Trennung etwas. Und Du hast jeden Grund und jedes Recht, auch ohne Partner glücklich zu sein. Partnerschaft ist ein i-Tüpfelchen, ein Verstärker des Glücks, aber nicht dessen Voraussetzung. Ausgehend von diesen Gedanken ist dieses Buch im Folgenden in zwei Teilen aufgebaut:

♥ In Teil eins, »Akuten Liebeskummer heilen«, wird es darum gehen, anhand von zehn konkreten Maßnahmen Dein momentan zerbrochenes Herz zu kitten.

♥ In Teil zwei, »Neuen Liebeskummer verhindern«, möchte ich Dir dann zeigen, wie Du Dein repariertes Herz richtig stabil machen kannst – für jetzt und auch für die Zukunft.

Vorerst ist wichtig, dass Du Dich der Frage »Was hat mein Liebeskummer auch mit mir selbst zu tun?« von nun an immer wieder ehrlich stellst. Das ist manchmal gar nicht so leicht, deshalb werde ich Dich auf diesem Weg begleiten und Dich in gewissen Abständen mit den Worten »Hand aufs Herz« daran erinnern. Das erste Mal jetzt sofort, wenn ich Dich frage: Hand aufs Herz – bist Du bereit, Dich auf die folgenden Maßnahmen und Tipps wirklich einzulassen und Verantwortung für Dich selbst zu übernehmen, anstatt Dich an der Vergangenheit festzuhalten? Ich wünsche es Dir so sehr! Denn dann wird die Krise Liebeskummer sicher auch zu (D)einer großen Chance!

♥ Kapitel 5 ♥

Akuten Liebeskummer heilen: Wie Du Dein zerbrochenes Herz reparierst

*»Ein Herz, das kann man reparier'n.
Ist es einmal entzwei, ist es längst nicht vorbei.«*
Udo Lindenberg

Wenn man wie ich ständig mit Menschen spricht, die Liebeskummer haben, fällt einem, wie ich vorhin schon erwähnte, nach kurzer Zeit eine Sache auf: Sie alle benutzen ganz ähnliche Formulierungen, um zu beschreiben, was sie durchleben. Teilweise gleichen sich die Sätze bis aufs Wort. »Ich fühle mich wie ein abgelegtes Spielzeug.« Der »Schock beim Aufwachen«, wenn einem morgens die Realität langsam wieder ins Bewusstsein sickert. Bei so gut wie jedem taucht zudem das Bild des Zerbrechens auf, und darum soll es nun gehen:

»Mein Leben ist ein Scherbenhaufen«, »Es kommt mir so vor, als würde mir plötzlich eine Hälfte fehlen«, »Ich fühle mich wie amputiert«, »Tief in mir ist etwas zerbrochen«, »Er / sie hat mein Herz genommen und so heftig darauf herumgetreten, dass es in lauter kleine Teile zersprungen ist«, »Ich bin nicht mehr komplett«.

Vielleicht hast Du Deine Gefühle so oder so ähnlich auch schon einmal beschrieben. Und selbst wenn nicht – sicher verstehst Du sofort, was gemeint ist: Der Schmerz, von dem hier gesprochen wird, ist so heftig, es handelt sich nicht »nur« um eine kleine Delle oder einen Kratzer. Etwas ist zerbrochen, kaputt. Das lässt sich nicht so schnell wieder reparieren. Eigentlich ist man sich nicht mal sicher, ob das überhaupt klappen kann. Die einzelnen Teile sind zerstreut, einige fehlen offenbar komplett. Das, was eben noch ein schönes Ganzes war, ist jetzt ein schwer zu überblickender Trümmerhaufen. »Ich bin zerstört«, will der Betroffene sagen.

Und ja, natürlich kann ein Herz auf Grund von Liebeskummer brechen, leider. Und das ist umso wahrscheinlicher, je ausschließlicher es vorher aus Partnerschaft beziehungsweise den Gefühlen für einen einzigen anderen Menschen »bestand« – darauf komme ich im zweiten Teil des Buches ausführlich zurück. Dennoch hältst Du allein nun alle Scherben und auch den passenden Klebstoff in der Hand. Niemand außer Dir selbst kann Dein Herz reparieren. Es gibt für Dein »Problem« keinen geeigneteren Spezialisten. Du bist Dein bester Herzdoktor!

Jetzt bist Du vielleicht verwundert und denkst: Nanu, ich dachte, ich kriege hier eine präzise Anleitung, was ich tun soll. Und ja, in gewisser Hinsicht stimmt das auch. Aber es ist ein bisschen wie beim Sport: Der Trainer kann Dir zeigen, wie die einzelnen Übungen funktionieren –

aber trainieren musst Du mit Deinen eigenen Muskeln. Ich werde Dir also erklären, wie Du mit den folgenden zehn Maßnahmen Dein zerbrochenes Herz reparieren kannst – aber umsetzen wirst Du sie. Manche werden Dir besser gefallen, andere vielleicht weniger gut, weil sie ungewohnt erscheinen – oft sind es allerdings leider genau diese, die besonders wichtig für Dich sind. Also: Hand aufs Herz! Hab Mut, wirklich alles auszuprobieren!

Die Herzreparatur: Zehn Maßnahmen, um Dein zerbrochenes Herz zu kitten

1. Die ganze Wahrheit

> »*Der Kummer, der nicht spricht,*
> *nagt am Herzen, bis es bricht.*«
> William Shakespeare

Ich habe diese erste Maßnahme absichtlich nicht »Mit Freunden reden« oder »Über Deinen Liebeskummer sprechen« genannt. Denn erstens wäre das beinahe banal, und zweitens haben wir vorhin schon den wissenschaftlichen Beweis dafür gesehen, dass Reden gegen Liebeskummer hilft. Nun möchte ich aber einen Schritt weiter gehen und behaupten: Reden ist Silber. Aber nur *die Wahrheit sagen zu können* ist Gold.

Vielleicht kennst Du solche Situationen: Du gehst trotz Deines Liebeskummers zur Arbeit. Deine Kollegin, mit der Du Dich eigentlich ganz gut verstehst, weiß, dass es Dir schlechtgeht, und auch, warum. Als sie Dich allein in der Kaffeeküche erwischt, schaut sie Dich mit betont ernstem Gesichtsausdruck an: »Du Arme, immer noch Liebeskummer?« Dir kommen fast die Tränen, als Du antwortest: »Ja, leider ...« – weiter kommst Du nicht, da Dir die Stimme versagt. Sie seufzt leicht verlegen und tätschelt Dir die Schulter. »Kopf hoch«, sagt sie dann, während ihr Blick bereits Richtung Tür geht, »auch andere Mütter haben schöne Söhne!« Aufmunternd ballt sie die Fäuste und verlässt den Raum. Natürlich meint sie es nur gut. Bei Dir hinterlässt dieses kurze Gespräch dennoch ein blödes Gefühl. Denn was interessieren Dich gerade andere Söhne?

Oder: Deine Freunde sind davon überzeugt, dass das beste Mittel gegen Deinen Liebeskummer ein Date ist. Also arrangieren sie Dir ein Abendessen mit jemandem, der wirklich nett zu sein scheint. Zwei Stunden vor der vereinbarten Zeit überlegst Du noch, abzusagen (alles zu anstrengend!), gehst aber schließlich tatsächlich ins Restaurant. Während des Essens redet Ihr über den Job, über Eure Hobbys, die gemeinsamen Freunde – alles okay, aber so richtig Schwung will dennoch nicht in die Sache kommen. Du fühlst Dich zunehmend unwohl. *Wie war noch mal das erste Essen damals mit Deinem Expartner? Wie schön wäre es, wenn er jetzt hier am Tisch sitzen könnte, so vertraut.* Schließlich gerät das Gespräch immer öfter ins Stocken. Eigentlich hättest Du so viel von Deinem Liebeskummer zu erzählen. Aber das geht ja hier nicht. Du versuchst Dich also durch Smalltalk und ein paar Scherze zu retten und bist heilfroh, als endlich die Rechnung kommt. Ihr verabschiedet Euch, und spätestens, als Du wieder allein bist, überkommt Dich eine schier unerträgliche Traurigkeit. *Wird jemals wieder ein erstes Date so sein wie damals mit Deinem Expartner?* Vielleicht weinst Du. Oder Du greifst sogar zum Handy und rufst Deinen Ex an oder schickst eine SMS, um ihm zu sagen, wie sehr er Dir fehlt. Anders weißt Du Deinem Schmerz gerade keine Luft zu machen. Auch wenn Du es nachher bereust.

Was aber wäre, wenn das Szenario stattdessen so aussähe: Es ist Sonntagmorgen, viel zu früh bist Du wach, sitzt allein in Deiner Küche und denkst daran, wie Du mit Deinem Expartner oft lange im Bett gelegen, gefrühstückt, gekuschelt und die Zeitung gelesen hast. *Was er wohl gerade macht?* Du musst weinen. In Deinem Schmerz rufst Du Deine Schwester an, schon an Deiner Stimme erkennt sie, was los ist. »Lass uns brunchen gehen«, sagt sie, »los, raff dich auf.« Zwei Stunden später trefft Ihr Euch in Deinem Lieblingscafé. Deine Schwester nimmt Dich zur Begrüßung fest in den Arm, ein paar Sekunden länger als sonst. Ihr setzt Euch, und dann geht es erst mal sehr lange nur um Dich. Sie lässt Dich einfach reden, hakt nur hin und wieder nach und sagt, wie gut sie Dich versteht. Dann erzählt sie Dir von ihrem letzten Liebeskummer, und Ihr staunt über die vielen Parallelen. Du fühlst Dich verstanden und ernst genommen und merkst gar nicht, dass es plötzlich schon Nachmittag ist. Schließlich verlasst Ihr das Café, und als Du vor die Tür trittst, scheint die Sonne.

Jetzt gerade kommt Dir alles gar nicht mehr so düster vor, Du hast neuen Mut. Als Ihr Euch verabschiedet, fragt Deine Schwester, ob Du noch mit zu ihr kommen möchtest. Du weißt, dass sie ihr Angebot ernst meint, lehnst aber ab. »Ich glaube, es tut mir gut, jetzt noch ein bisschen allein zu sein«, erklärst Du ihr. Sie nimmt Dich fest in den Arm. »Okay, aber melde dich, wenn was ist – auch nachts, weißt du ja.« Mit dieser Sicherheit im Gepäck gehst Du nach Hause, und als Du den Flur betrittst, erscheint Dir Deine Wohnung das erste Mal nicht mehr einsam, sondern auch ein bisschen gemütlich.

Vermutlich ahnst Du schon, worauf ich mit diesen drei kurzen Episoden hinausmöchte: Beim Reden über den Liebeskummer geht es nicht allein darum, dass Du überhaupt Gespräche über ihn haben kannst, sondern auch um deren Qualität. Kannst Du demjenigen, mit dem Du sprichst, die Wahrheit sagen, ohne dass es unangenehm ist? Hört er Dir zu? Versteht er Dich? Fühlst Du Dich geborgen? Kannst Du Deinem Gegenüber vertrauen? All das ist aus den folgenden Gründen so wichtig:

Nur wenn Du Deinem Gesprächspartner Deine wahren Gefühle, Deinen Schmerz und Deine Ängste offenlegen kannst, findet zwischen Euch eine ernsthafte Auseinandersetzung mit Deinem Liebeskummer statt. Er oder sie gibt Dir Denkanstöße (absichtlich oder zwischen den Zeilen), und durch das Aussprechen all der Dinge, die Dir im Kopf herumgehen, wirst Du Dir Deiner eigenen Gedanken immer bewusster. Sicher kennst Du das auch aus anderen Lebensbereichen, zum Beispiel im Job, dass Dir der

Austausch mit anderen Menschen dabei hilft, in einer bestimmten Sache zu einer Entscheidung oder neuen Erkenntnis zu kommen. Mit Liebeskummer ist es nicht anders. Aber zu diesem »Effekt« kommt es natürlich vor allem, wenn Du die Wahrheit sagen kannst.

Zum anderen macht Liebeskummer, wie bereits erwähnt, unsicher – nicht nur Dich, sondern auch die Menschen in Deinem Umfeld, wie zum Beispiel die Kollegin aus der ersten Episode. Je öfter Du jemandem geradeheraus sagst, was Du wirklich brauchst, umso besser kann er oder sie Dir helfen.

Und – das ist vermutlich das wichtigste Argument – nur Offenheit schafft echte Nähe zwischen zwei Menschen. Sie wiederum ist es, die Du jetzt so dringend brauchst, um Dich nicht einsam zu fühlen. Denn lass uns mal überlegen, was passiert, wenn Du Dich jemandem ehrlich anvertraust, ohne Deinen Zustand herunterzuspielen. Dein Gegenüber sieht Dich so, wie Du wirklich bist – das stillt bei Dir ein tiefes Bedürfnis des Angenommenseins, das jeder von uns in sich trägt. Dein Gegenüber wiederum spürt, wie sehr Du Dein Herz öffnest und vertraust. Vermutlich ist die Reaktion darauf, dass auch er viel von sich preisgibt. So entsteht zwischen Euch das, was ich gern einen »authentischen Moment« nenne: das Gefühl, dass zwei Menschen sich wirklich weit unter der Oberfläche füreinander interessieren. Dadurch fühlst Du Dich mit jemandem ganz eng verbunden, angenommen und nicht mehr allein. Häufig höre ich leider, dass Menschen solche »authentischen Momente«, in denen sie »ganz sie selbst sein können«, in erster Linie aus Partnerschaften kennen. Das ist sehr schade und trägt natürlich zum Trennungsschmerz bei. Umso wichtiger ist es zu erkennen, dass tiefe Nähe keinesfalls auf Paarbeziehungen beschränkt ist. Um dieses Thema wird es im zweiten Teil von »Goodbye Herzschmerz« deswegen auch noch einmal gehen.

Nun bedeutet das natürlich nicht, dass Du auf der Stelle losgehen und allen Arbeitskollegen, Nachbarn und Bekannten Dein Herz ausschütten sollst. Aber: Nimm Dir etwas Zeit und Ruhe und überlege, welche Menschen in Deinem Umfeld das größte Potential für »authentische Momente« haben. Am besten schließt Du dabei die Augen. Wem vertraust Du besonders? Von wem weißt Du, dass er selbst schon einmal Liebeskummer hatte oder sogar gerade welchen hat? In wessen Gegenwart fühlst Du Dich wohl? Was sagt Dein Bauch? Es kann sich um Menschen handeln, die Dir schon lange nahestehen, wie Familienmitglieder oder alte Freunde. Häufig sind es aber auch Personen, die Du momentan noch gar nicht zu Deinem engsten Kreis zählst. Ich erlebe sehr häufig, dass *Liebeskümmerer*-Kunden sich ganz überrascht darüber äußern, wer ihnen in ihrer Krise am besten zur Seite gestanden hat: »Die, von denen ich es erwartet hätte, waren nicht für mich da – und bei denen, die für mich da waren, hatte ich gar nicht damit gerechnet.«

Wenn Du herausgefunden hast, bei welchen Menschen Du jetzt ganz Du selbst sein kannst, dann sollten sie es sein, mit denen Du in den kommenden Wochen immer wieder Deine Zeit verbringst. Plane gemeinsame Aktivitäten, lade sie zu Dir zum Essen ein, telefoniere mit ihnen. Sie sind es, die zu Deiner Herzreparatur beitragen – und zwar selbst dann, wenn es nicht viele, sondern nur ein, zwei oder drei sind. Hand aufs Herz! Je offener und ehrlicher Du sie an Deinen Gedanken, an Deinen Ängsten und Wünschen teilhaben lässt, umso mehr wird Dir das helfen. *Du denkst insgeheim immer noch, dass Dein Ex zurückkommt?* Dann sag es ihnen. *Du hast entgegen allen guten Vorsätzen letzte Nacht auf die Mailbox Deines Expartners gesprochen?* Dann sag es ihnen. *Du hast das Gefühl, nicht mehr weiterleben zu können?* Dann sag es ihnen erst recht. Du wirst sehen, wie allein die Nähe, die zwischen Euch entsteht, Dich durch viele schwere Augenblicke trägt.

Natürlich kann es sein, dass Du aus irgendwelchen Gründen gerade keine solchen Menschen um Dich hast. Häufig passiert das, wenn durch eine Trennung auch der Freundeskreis zerbricht oder ein Umzug in eine andere Stadt hinzukommt. Es kann auch sein, dass Du nach reiflicher Überlegung zu dem Schluss kommst, dass Du zwar viele oberflächliche Freundschaften hast, aber niemanden, dem Du wirklich vertraust. In all diesen Fällen ist es wichtig, dass Du aktiv wirst, anstatt Dich allein zu Hause zu verkriechen. Vielleicht ist jetzt die Gelegenheit, an eine alte Freundschaft wieder anzuknüpfen, Dich bei jemandem zu melden, der Dir schon lange gefehlt hat. Oder die sympathische Kollegin oder Nachbarin, die Du schon immer kennenlernen wolltest, endlich mal zum Kaffee einzuladen. Wenn Du Dir das nicht vorstellen kannst, dann gibt es im Internet inzwischen jede Menge Foren, in denen Frauen und Männer sich anonym über ihren Liebeskummer austauschen (zum Beispiel www.trennungsschmerzen.de). Dort findest Du Leute, die Dich verstehen und zu denen Du, wenn auch auf anonymer Ebene, vollkommen ehrlich sein kannst. Grundsätzlich sind andere »Betroffene« – im echten wie im virtuellen Leben – jetzt besonders wertvolle Ansprechpartner für Dich. Denn niemand hat ein so intuitives Verständnis für Deine Lage wie sie. »Geteiltes Leid ist halbes Leid« – das gilt auch oder gerade für den Liebeskummer.

Überlege, wer in Deinem Umfeld die Menschen sind, denen Du Dich offen anvertrauen kannst. Verbringe mit ihnen jetzt besonders regelmäßig Zeit und sei dabei ehrlich zu ihnen und Dir selbst. Sag ihnen, was Du von ihnen brauchst, denn auf diese Weise können sie Dir am besten helfen.

♥

2. Essen, trinken, schlafen

»Es kommt darauf an, den Körper mit der Seele und die Seele durch den Körper zu heilen.«
Oscar Wilde

Für Deine Herzreparatur brauchst Du viel Kraft, und die hängt von drei scheinbar simplen, aber gleichzeitig unendlich wichtigen Faktoren ab: dass Du genug isst, dass Du genug trinkst, dass Du genug schläfst.

Du erinnerst Dich bestimmt, dass es ein paar Seiten zuvor schon einmal um den Teufelskreis ging, der bei Liebeskummer schnell in Gang kommt: Man isst, trinkt und schläft nicht, weil es einem so schlechtgeht. Und dadurch, dass man nicht isst, trinkt und schläft, geht es einem noch viel schlechter.

Nun kannst Du Deine Appetitlosigkeit und Deine Unruhe natürlich gerade nicht abstellen. Also hilft nur eins: Du musst ganz bewusst mit dem Kopf gegensteuern und das tun, was für Deinen Körper gut ist – selbst wenn es Dir nicht leichtfällt. Sorge für Dich, wie eine fürsorgliche Mutter sich um ihr geschwächtes Kind kümmern würde oder Du Dich um Deine beste Freundin oder Deinen besten Freund in der gleichen Situation.

Im Klartext bedeutet das: Wenn Du nicht essen kannst, dann ist es wichtig, dass Du zumindest viel Nahrhaftes trinkst (Smoothies, Milchshakes, Säfte, Trinknahrung, Schokolade). Versuche außerdem, immer wieder kleine Mahlzeiten oder Naschereien über den Tag zu verteilen, am besten in Form von natürlicher Nervennahrung wie zum Beispiel Bananen, Avocados oder Nüssen. Aber selbst wenn Du jetzt gerade, in genau dieser Sekunde, Lust auf Nutella aus dem Glas bekommst – leg das Buch beiseite und greif zum Löffel! Nichts ist wichtiger, als dass Du momentan überhaupt ausreichend Energie aufnimmst. Auf gesunde Ernährung wirst Du noch früh genug wieder achten.

Während sich die Sache mit dem Essen und Trinken durch bloße Willensstärke also noch ganz gut in den Griff kriegen lässt, ist es mit dem Schlaf schon um einiges komplizierter. Denn je mehr man sich bemüht zu schlafen, umso schlechter klappt es in der Regel, das kennt jeder von uns. Wenn Du also über einen längeren Zeitraum weniger Schlaf bekommst, als Du eigentlich brauchst, und Dich dadurch tagsüber müde, gereizt und schlapp fühlst oder Dich schwer konzentrieren kannst, dann ist es auch hier an der Zeit für eine Gegenmaßnahme. Meiner Erfahrung nach führt Liebeskummer selten zu einer Einschlafstörung – die größeren Probleme sind das Durchschlafen und das Ausschlafen. Die Grübelei sorgt dafür, dass man nachts wach liegt oder in aller Herrgottsfrühe auf ist. Zunächst kannst und solltest Du versuchen, in diesen Momenten Entspannungsübungen anzuwenden: Es gibt Techniken aus dem Yoga, Atemübungen oder musikbasierte Verfahren. Zwei davon werde ich gleich in Maßnahme 9, »Raus aus dem Kopf: Körperübungen gegen Liebeskummer«, beschreiben. Darüber hinaus kannst Du im Internet recherchieren und ausprobieren, welche Methode für Dich am besten funktioniert.

Wenn das nicht hilft, solltest Du es mit baldrianhaltigen Schlaftees oder pflanzlichen Präparaten aus der Apotheke oder Drogerie versuchen. Manchmal reicht jedoch auch das nicht aus, und dann scheue Dich bitte nicht, zu Deinem Hausarzt zu gehen. Denn noch mal: Es ist nicht übertrieben, auf Grund von Liebeskummer eine Zeitlang medikamentöse Unterstützung für das Schlafen in Anspruch zu nehmen. Allerdings ist es wichtig, dass Du dabei einschätzt, wie gut Du mit solchen Mitteln grundsätzlich umgehen kannst: Hand aufs Herz. Es darf nicht darum gehen, durch ihre Einnahme Deinen Kummer zu vergessen – es muss darum gehen, Dir die dringend notwendige Entspannung und Ruhephasen zu ermöglichen, die Du brauchst, um Kraft zu tanken. Schlafmittel haben ein besonders hohes Abhängigkeitspotential, weshalb Du Dir vor der Einnahme außerdem ganz sicher sein solltest, dass Du damit auch wieder aufhören kannst. Wenn Du in der Vergangenheit schon einmal Suchtprobleme hattest, in welcher Form auch immer, dann erwähne das Deinem Arzt gegenüber, bevor er Dir etwas verschreibt.

Übrigens: Es kann sogar sein, dass Dein Arzt Dir empfiehlt, eine Weile Psychopharmaka zur Stimmungsaufhellung oder Beruhigung zu nehmen. In diesem Fall wird er Dich möglicherweise an einen zuständigen Facharzt, also einen Psychiater oder Neurologen, überweisen. Bitte kriege dann keinen Schreck. Man sollte natürlich nicht leichtfertig mit der Einnahme solcher Medikamente umgehen oder versuchen, den Schmerz mit ihrer Hilfe zu unterdrücken. Als Unterstützung können sie aber durchaus angebracht sein.

Damit Du nicht in einen Teufelskreis gerätst, ist es momentan besonders wichtig, dass Du genug isst, trinkst und schläfst. Wenn Du damit Probleme hast, tue bitte dringend etwas dagegen!

Noch ein Gedanke für Dich

Zum Schluss möchte ich ein paar kurze Worte zum Thema Alkohol sagen oder vielmehr sagen lassen. Denn leider habe ich schon viele Menschen erlebt, die versucht haben, den Liebeskummer im Alkohol zu ertränken. Zwei von ihnen haben für Dich die folgenden Zeilen aufgeschrieben:

Denkanstoß von Natascha (39):
»Ich möchte jedem, der das hier liest, davon abraten, seinen Liebeskummer mit Alkohol zu bekämpfen. Natürlich hilft das Trinken im ersten Moment, aber ich glaube, genau deshalb ist es in dieser Situation auch gefährlicher als sonst. Vor meiner Trennung war ich Gelegenheitstrinkerin beziehungsweise trank nur in Gesellschaft. Als mein Mann mich vor zwei Jahren verließ, habe ich angefangen, zu Hause Rotwein zu trinken. Erst nur ein Glas, um besser zu schlafen, am Ende mindestens eine Flasche, um meine Abende rumzubringen. Das hat dazu geführt, dass ich irgendwann nicht nur große Probleme bei der Arbeit bekommen habe, sondern nach drei Monaten richtig krank war. Das wieder in Ordnung zu bringen hat dann wiederum ein Vierteljahr gebraucht. Heute habe ich das Gefühl, ich habe ein halbes Jahr verloren. Mit der eigentlichen Verarbeitung meiner Trennung habe ich nämlich erst danach begonnen. Also bitte: Seien Sie mit dem Alkohol jetzt noch etwas vorsichtiger als sonst.«

Denkanstoß von Karl (56):
»Meine Lebensgefährtin und ich haben nach neun gemeinsamen Jahren im Sommer 2014 eine Auszeit beschlossen, weil es zwischen uns nicht mehr so gut lief. Anstelle einer richtigen Trennung sollte jeder drei Monate lang seinen eigenen Weg gehen, danach wollten wir

weiterschauen. In den ersten Wochen habe ich sie sehr vermisst und war mir eigentlich schnell sicher, dass ich am Ende unserer Pause weiterhin mit ihr zusammen sein wollte. Bis sie anfing, mich nachts immer wieder schwer alkoholisiert anzurufen. Offensichtlich konnte sie mit dem Alleinsein auf Zeit schlechter umgehen als ich. Sie lallte am Telefon, wie sehr sie mich liebe, dass sie mich brauche und viel unverständliches Zeug. Mich hat das dermaßen erschreckt, sie so schwach und abhängig zu erleben, dass ich erst richtige Zweifel an unserer Beziehung bekommen habe. Leider hat sie trotz meiner Bitten nicht aufgehört. Am Ende der drei Monate habe ich mich dann wirklich getrennt. Ich möchte nicht mit jemandem zusammen sein, der sich selbst aufgibt, nur weil ich nicht mehr da bin. So viel Verantwortung kann meiner Meinung nach kein Mensch tragen.«

3. Klare Verhältnisse

> *»Mein Verhalten mag taktisch unklug erscheinen.*
> *Aber emotional ist es vollkommen notwendig.«*
> Unbekannt

Fast jeder Mensch, der gegen seinen Willen verlassen wurde oder unglücklich verliebt ist, fragt sich (wenn auch manchmal nur insgeheim), was er tun könnte, um den Expartner zurück- beziehungsweise den Traumpartner doch noch für sich zu gewinnen. Kennst Du das auch?

Falls ja, ist die folgende Maßnahme für Dich besonders wichtig. Aber selbst wenn Du nicht darüber nachdenkst, ob es für Euch noch ein Zurück gibt, lies sie bitte genau durch. Denn für klare Verhältnisse zu sorgen ist ein ganz entscheidender Schritt, damit Du Dich besser auf Deine Heilung konzentrieren kannst. Ziel ist, dass sich Deine Gedanken von jetzt an nicht mehr so viel um den Ex, Eure Beziehung und / oder ein mögliches Comeback, sondern mehr um Dich selbst und Dein neues Leben drehen (können).

Wenn man bei Google »Ex zurück« eingibt, ergänzt die Suchmaschine automatisch die am häufigsten mit diesem Begriff kombinierten Wörter. Sie lauten: »Ex zurück Kontaktsperre«, »Ex zurück Strategie«, »Ex zurück Tipps« und »Ex zurück trotz neuer Freundin«. Schon »Ex zurück« allein liefert rund 217.000 Ergebnisse, ganze Domains heißen *ex-wiederbekommen*, *exzurueckgewinnen* oder ähnlich. »Zu niemandem sind wir so ehrlich wie zum Suchfeld von Google« habe ich kürzlich irgendwo gelesen, und da ist vermutlich etwas Wahres dran.

Auch ich wurde in den letzten fünf Jahren immer wieder gefragt: »Wie schaffe ich es, dass er zu mir zurückkommt?«, »Wie soll ich mich am besten verhalten, damit sie sich in mich verliebt?« oder »Glaubst du, Strategie xyz funktioniert?«. Auf diese Weise habe ich meine persönliche Offline-Version vom Google-Ranking aufgestellt, also die Top-3-Rangliste der am häufigsten erwogenen Taktiken, mit denen Frauen und Männer versuchen, sich für den Ex- / Wunschpartner (wieder) interessant zu machen. So sieht sie aus:

Platz 1: Die Kontaktsperre. Sie besteht darin, für einen bestimmten Zeitraum (meist geht es um mehrere Wochen) den Kontakt zum Ex-/Wunschpartner abzubrechen. Sich also nicht bei ihm zu melden und auf seine Nachrichten/Anrufe gar nicht oder allenfalls knapp und sachlich zu reagieren. Auf diese Weise sollen die Sehnsucht und die Neugier des anderen geweckt werden, für den man plötzlich nicht mehr verfügbar ist. Diese Taktik beruht auf dem Prinzip von Distanz und Nähe, das in Partnerschaften immer eine Rolle spielt – wenn auch nicht zwangsläufig bewusst. Entzieht der Partner sich mir, gehe ich einen Schritt auf ihn zu, und andersherum. Diesen »Tanz« zwischen zwei Partnern gibt es schon so lange, dass er in viele Lebensweisheiten eingeflossen ist, wie zum Beispiel: »Willst du was gelten, mach dich selten« oder »Mach dich rar, du bist der Star«. Die Kontaktsperre ist mit Sicherheit das meistgenutzte Ex-zurück-Verfahren – was jedoch rein gar nichts (!) über seine Erfolgsaussichten sagt. Dazu komme ich gleich noch.

Platz 2: Eifersüchtig machen. Eifersucht ist ein fürchterliches Gefühl und kann unerwartete Energien freisetzen und Besitzansprüche wecken. Entsprechend verlockend ist die Idee, dafür zu sorgen, dass der Ex-/Wunschpartner uns mit einem Konkurrenten sieht oder von Dritten hört, dass wir jemanden kennengelernt haben. Vielleicht, so hoffen wir, wird ihm in diesem Moment endlich klar, dass er uns verloren hat und wie wichtig wir ihm wirklich sind. Aus dieser Überlegung heraus lassen manche Menschen mit Liebeskummer sich schon sehr früh nach einer Trennung wieder auf Dates ein, streuen Gerüchte über eine angebliche Bekanntschaft (heutzutage meist via Social Media) oder – auch das habe ich schon ein paarmal mitbekommen – arrangieren ein vermeintlich zufälliges Aufeinandertreffen mit dem Expartner, bei dem sie in Begleitung eines anderen Mannes / einer anderen Frau sind.

Platz 3: Ein anderer Mensch werden. Das ist gerade unter Frauen sehr verbreitet. Denn Frauen tendieren stärker als Männer dazu, nach einer Trennung an sich zu zweifeln. Sie suchen den Grund für das Scheitern der Beziehung oft bei sich, fühlen sich nicht liebenswert und glauben, dass mit ihnen, ihrem Charakter oder Aussehen irgendetwas nicht stimmt. In der Konsequenz versuchen sie, der Mensch zu werden, der den Ansprüchen des scheinbaren Traumpartners besser entspricht. Sie nehmen seinetwegen ab, machen mehr Sport, bemühen sich, öfter gut gelaunt zu sein, die Partnerschaft lockerer zu sehen, mehr Freiräume zu geben und vieles mehr. Und weil Liebeskummer ein so starkes Gefühl ist, gelingt ihnen das häufig sogar. Der Preis dafür ist allerdings, dass sie sich über ihre eigenen Bedürfnisse hinwegsetzen und denen des Expartners den Vorrang geben. Im Anschluss an so eine Verwandlung sind sie nicht mehr sie selbst.

Vielleicht hast auch Du eine dieser drei Strategien zumindest schon mal in Erwägung gezogen, sie möglicherweise sogar ausprobiert oder miteinander kombiniert. Dann möchte ich Dich an dieser Stelle fragen: Hand aufs Herz, wie fühlt sich das an?

Wie viel Deiner täglichen Energie kostet es Dich beispielsweise, Dich im Rahmen einer Kontaktsperre *nicht* bei Deinem Expartner zu melden? Wie oft »stalkst« Du ihn stattdessen bei Facebook, Twitter, WhatsApp und Co., nur um doch ein Fünkchen von seinem Leben mitzukriegen? Wie viel Zeit brauchst Du, um darüber nachzudenken, wie Du ihn eifersüchtig machen könntest? Wie häufig betrachtest Du Dich durch seine Augen und zweifelst dann an Dir? Kurzum: Helfen all diese Dinge wirklich *gegen* Deinen Liebeskummer, oder räumen sie ihm im Gegenteil eher zusätzliche Bedeutung und mehr Platz in Deinem Leben ein?

Und angenommen, eine dieser Taktiken ginge auf und Ihr würdet am Ende (wieder) ein Paar: Wie gut, glaubst Du, stünden dann die Chancen, dass Eure Beziehung stabil ist, weil Dein Partner aus den richtigen Gründen mit Dir zusammen sein will: weil er Dich liebt, in Deiner Eigenart respektiert und schätzt und weil ihr gemeinsam nach Lösungen für Probleme in Eurer Beziehung zueinander sucht? Aus der täglichen Praxis muss ich Dir leider sagen: Sie stehen schlecht.

Zwar kommt es natürlich immer mal wieder vor, dass ein Paar durch Distanz-Spiele, Eifersucht oder die komplette Anpassung des einen Partners an die Bedürfnisse des anderen (wieder) zusammenkommt. Länger als ein paar Wochen geht das aber selten gut. Im Gegenteil: Oft höre ich von den Betroffenen anschließend, dass sie es bereuen, die Sache noch einmal aufgewärmt zu haben. Denn bei der erneuten Trennung sind Enttäuschung und Schmerz bisweilen noch schlimmer als beim ersten Mal, und es gibt später nicht mal mehr eine Basis für freundschaftlichen Kontakt.

Nun kommen wir also noch mal zurück zum Anfang: Was sage ich, wenn mich jemand fragt, ob und wie er einen anderen für sich (zurück)gewinnen kann? Es ist so einfach wie überraschend: Meine Strategie ist Ehrlichkeit. Wenn Du wirklich noch auf einen Neuanfang hoffst, dann taktiere nicht, verstell Dich nicht, sondern sei hundertprozentig offen und Du selbst. Meiner Erfahrung nach ist das nicht nur der einzige Weg, bei dem es eine reale Chance auf einen Neustart gibt, sondern er ist eine Erfolgsgarantie – und zwar völlig unabhängig davon, wohin er führt. Denn wenn es klappt, werdet Ihr wieder ein Paar. Und wenn nicht, hast Du auf diese Weise einen riesigen Schritt auf dem Weg aus Deinem Liebeskummer gemacht. Bevor ich Dir genauer erkläre, warum das so ist, habe ich hier erst mal ein kleines Beispiel aus der Praxis:

Im Winter 2014 wandte sich eine 35-jährige Frau an *Die Liebeskümmerer*, weil ihr Freund sie zwei Monate zuvor verlassen hatte. Es sei eigentlich nichts besonders Gravierendes vorgefallen, »wir hatten bloß ständig Streit«, sagte sie. Dabei sei es oft um banale Alltagsprobleme gegangen, aber auch um ihre Eifersucht oder seine häufigen Männerabende mit ein paar Bierchen zu viel. »Mitten in so einem Streit hat er mir auf einmal gesagt, dass er die Nase voll hat von den dauernden Diskussionen, erst mal zu einem Freund zieht und sich dann eine neue Wohnung sucht«, erzählte sie mir. Und er hatte Ernst gemacht. Schon kurze Zeit später holte er seine Möbel und trennte sich offiziell. Während in den ersten Tagen noch viele teils wütende, teils verzweifelte SMS und Anrufe zwischen den beiden hin und her gingen, kehrte nach dem endgültigen Auszug des Mannes Ruhe ein. »Vielleicht auch, weil ich irgendwann auf nichts mehr reagiert habe«, kommentierte sie das, »ich dachte, der soll mal merken, wie es ohne mich ist.« Tatsächlich denke sie aber jeden Tag von morgens bis abends an ihren Exfreund, und das Schweigen beunruhige sie sehr. Sie verbringe Stunden damit, auf ihr Handy zu starren, obwohl sie ja gar nicht vorhabe, auf eine SMS oder einen Anruf von ihm zu reagieren. »Ich werde erst wieder mit ihm sprechen, wenn er bei mir vor der Tür steht, weil ich dann weiß, jetzt meint er es ernst.« Ich fragte sie, was sie glaube, wie lange das noch dauern könne. Sie überlegte. »Das kann ich schwer sagen, aber in acht Wochen habe ich Geburtstag – vielleicht dann.« Noch während sie das aussprach, begann sie zu weinen. »Ich liebe ihn, und ich glaube an uns. Jedes Paar hat doch Konflikte. Und im Vergleich zu dem, was ich von anderen schon gehört habe, passen wir beide wirklich gut zusammen. Ich glaube, wir haben einfach zu wenig miteinander geredet. Mir ist durch unseren Abstand so vieles klargeworden, was wir besser machen könnten. Ich wäre wirklich bereit, daran zu arbeiten. An mir. An uns beiden. Ich will uns noch eine Chance geben.« Ob sie ihm das schon mal genau so gesagt habe, wollte ich wissen. Sie schüttelte den Kopf. »Natürlich nicht, ich melde mich ja nicht bei ihm.« »Du verharrst also lieber noch zwei weitere Monate in diesem Zustand und lebst von der Hoffnung, dass er sich an Deinem Geburtstag vielleicht meldet? Was ist, wenn er das nicht macht? Tut es Dir dann um die vergeudeten zwei Monate nicht leid?« Sie stutzte. »Doch. Aber was ist, wenn ich mich ihm öffne und er nein sagt?« Im nächsten Moment gab sie sich selbst eine Antwort:

»Dann wüsste ich wenigstens Bescheid. Und könnte aufhören, auf etwas zu warten, was am Ende vielleicht gar nicht passiert.« Sie musste wieder weinen.

Zwei Tage nach diesem Gespräch schickte mir die junge Frau eine Mail: Sie habe sich heute die Zeit genommen und ihrem Expartner einen langen, ehrlichen Brief geschrieben, berichtete sie, in dem sie »ohne ein Blatt vorm Mund« ausgesprochen habe, was sie wirklich fühle und denke. Irgendwie befreiend sei das gewesen, auch wenn sie nicht sicher sei, ob überhaupt eine Reaktion von ihm kommen würde. »Ich habe das jetzt tatsächlich nur noch für mich getan, weil ich erkannt habe, wie wichtig es ist, Klarheit zu bekommen«, schrieb sie. Umso überraschter war sie (ich übrigens nicht!), als ihr Exfreund schon am nächsten Abend – direkt nach Erhalt des Briefes – an ihrer Haustür klingelte. »Ich hatte keine Ahnung, dass Du so denkst«, eröffnete er das Gespräch. Und auch wenn noch einige schwierige Gespräche und viele Tränen folgten, am Ende wurden die beiden wirklich wieder ein Paar.

Das ist also der eine mögliche Ausgang – der, den auch Du Dir mit Sicherheit wünschst. Natürlich endet meine Strategie aber nicht immer auf diese Weise, sondern nur dann, wenn es für zwei Menschen wirklich noch eine Chance gibt. Ansonsten wäre ich wohl auch keine Liebeskummer-Ratgeberin, sondern die erfolgreichste Ex-zurück-Expertin aller Zeiten! Aber wichtig ist nun, dass wir noch mal auf die Sache mit der Erfolgsgarantie zurückkommen, die ich vorhin versprochen habe, und überlegen: Was wäre passiert, wenn der Exfreund der jungen Frau sich auf ihren Brief hin nicht bei ihr gemeldet hätte? Oder wenn er geantwortet hätte, dass es für ihn trotz allem keinen Weg zurück mehr gibt?

Das wäre hart gewesen, ohne Frage. Aber gleichzeitig hätte sie sich aus einer zwei Monate andauernden und kräfteraubenden Gedankenschleife aus Hoffen, Bangen und Taktieren befreit. Denn sie hätte ja die Gewissheit gehabt, alles in ihrer Macht Stehende getan zu haben, um diese Beziehung zu retten. Und so traurig das ist: Durch die Konfrontation mit der Realität hätte sie eine bessere Basis gehabt, um abzuschließen und sich auf sich und ihren neuen Zukunftsplan konzentrieren zu können. Angefangen damit, dass sie an ihrem Geburtstag nicht den ganzen Tag traurig auf irgendein Zeichen von ihrem Ex gehofft, sondern stattdessen vielleicht mit Freunden etwas unternommen hätte.

»Aber ich will ihm doch nicht hinterherlaufen, das ist total peinlich« oder »Sie kann sich ja denken, wie ich das alles sehe« geht Dir jetzt vielleicht durch den Kopf. Ich möchte Dich Folgendes fragen: Wenn Du in der Position Deines Ex-/Wunschpartners wärst, würdest Du es als »Hinterherlaufen« empfinden, wenn er offen zu seinen Gefühlen stünde und Dir sagen würde, dass er Klarheit braucht? Oder wärst Du beeindruckt von seinem Mut? Davon, dass er die Sache in die Hand nimmt, um sein Leben anschließend wieder in den Griff zu kriegen? Und hättest Du überhaupt eine Chance, zu wissen, was er wirklich fühlt und denkt, solange er nicht richtig mit Dir redet, eventuell sogar den Kontakt kappt? Vermutlich nicht. Das Allerwichtigste ist jedoch, dass es gar nicht darum geht, was Dein Gegenüber über Dich denkt, sondern nur darum, dass Du all das ausgesprochen hast, was Dir an Gedanken und Argumenten für die Entscheidung über eine gemeinsame Zukunft wichtig erscheint. Mehr kannst Du nicht tun. Aber Du solltest es tun, um Ruhe zu finden.

»Okay, für klare Verhältnisse sorgen – aber wie? In einem Gespräch, am Telefon, per E-Mail oder in einem Brief?« Ich vermute, dass der Gedanke an ein Treffen auf Dich spontan am verlockendsten wirkt – auch, weil Du den Mann oder die Frau, um die es hier geht, sehen möchtest. Aber Vorsicht: Bei einem aufwühlenden und komplexen Thema wie den eigenen Gefühlen ist es nicht leicht, in einer direkten Konfrontation wirklich all das loszuwerden, was einem wichtig ist. Der andere stellt eventuell Zwischenfragen, möglicherweise ist diese offene Art des Redens auch ungewohnt für Euch, oder Ihr fallt in alte Kommunikationsmuster zurück. Am Telefon verhält sich das ähnlich. Bei einer E-Mail oder einem Brief hingegen hast Du nicht nur Ruhe und Platz, Deine Gedanken in Worte zu fassen, sondern Du signalisierst Deinem Gegenüber auch, dass Du Dir Zeit genommen hast und Dir das Gesagte ernst ist. Wer macht sich heute schon noch die Mühe und verschickt einen handschriftlichen Brief?

Beim Schreiben selbst ist wichtig, dass Du weniger darüber nachdenkst, welche Reaktion Du hervorrufen willst, sondern das sagst, was Du wirklich fühlst und denkst. Wenn Dir das schwerfällt, stell Dir vor, wie Du Deiner besten Freundin oder Deinem besten Freund von Deiner Situation, Deinen Ängsten und Wünschen erzählst, dann geht es meistens ganz leicht. Und noch eines: Begib Dich nicht in eine Opferrolle – denn ein Opfer bist Du nicht! Du bist ein Mensch, der sein Leben in die Hand nimmt und für seine eigenen Bedürfnisse einsteht. Du hast jeden Grund, selbstbewusst zu sein.

Nun weiß ich, dass ich mit dem Rat, den ich Dir hier gebe, vielen anderen Büchern zum Thema Liebeskummer widerspreche. Denn auch sie sagen: Schreib einen Brief. Aber dann: Schick ihn bloß nicht ab! Die Sorge dahinter ist, dass Du Dich mit so offenen Worten verletzlich und angreifbar machst und Deinem Expartner Aufmerksamkeit gibst, die er möglicherweise gar nicht verdient. Aber zum einen reicht das bloße Aufschreiben der Gedanken meiner Erfahrung nach häufig nicht aus, um abschließen zu können – die Hoffnung stirbt eben zuletzt. Außerdem traue ich Dir zu, dass Du genau einschätzen kannst, ob diese Partnerschaft für Dich potentiell wirklich gut, gesund und wünschenswert ist (solltest Du diesbezüglich Zweifel haben, lies bitte den zweiten Teil von »Goodbye Herzschmerz«, ehe Du etwas unternimmst). Hand aufs Herz: Jemandem, der Dich schlecht behandelt hat und bei dem es keine Aussicht auf Besserung gibt, solltest Du nicht die Hand reichen – sondern höchstens Deiner Wut Luft machen. Aber auch das fällt unter »für klare Verhältnisse sorgen«. Grundsätzlich bin ich aber fest davon überzeugt, dass es niemals peinlich oder schlecht ist, Gefühle zu zeigen. Viele von uns sind das nur nicht gewohnt. Wer jedoch mit sich selbst und seinen Mitmenschen im Reinen ist, hat die besten Chancen, seinen ganz persönlichen, erfüllenden Lebensweg zu gehen. Und genau das wünsche ich Dir!

Zum Abschluss dieses Abschnitts möchte ich Dich also bitten zu überlegen, ob zwischen Dir und Deinem Ex-/Wunschpartner aus Deiner Perspektive schon Klarheit herrscht. Hast Du alles, was zu einem Neustart beitragen könnte, gesagt? Kennt er oder sie Deine echten Gefühle? Bist Du Wut losgeworden? Wenn dem nicht so ist, dann lautet meine Empfehlung: Ändere es!

Falls Dir das einen Schritt zu weit geht, verschwende von jetzt an zumindest keine Zeit mehr auf strategische Kontaktsperren oder Eifersuchtsphantasien und versuche schon gar nicht, ein anderer Mensch zu werden. Es liegt nicht an Dir, dass es zwischen Euch nicht geklappt hat – es liegt an Euch beiden, und deswegen könnt Ihr es, wenn überhaupt, auch nur gemeinsam ändern.

Es ist wichtig, dass Du im Verhältnis zu Deinem Expartner für Klarheit sorgst. Denn erst, wenn zwischen Euch nichts Wichtiges mehr unausgesprochen ist, wird es für Dich leichter, abzuschließen und nach vorne zu blicken. Und auch, wenn Du Dir ein Comeback wünschst, ist dies der aussichtsreichste Weg.

♥

Noch ein Gedanke für Dich

Noch ein letzter Grund, warum mir dieses Thema so wichtig ist: Ich habe ein paarmal miterlebt, wie der Liebeskummer einen Menschen sein Leben lang begleitet hat. Diese Menschen fragen sich Jahre oder sogar Jahrzehnte später noch: »Was wäre gewesen, wenn ...?« *Wenn* sie gekämpft hätten, *wenn* sie auf den Expartner zugegangen wären, *wenn* sie ihm ehrlich die Meinung gesagt hätten, *wenn* sie bloß über ihren Schatten gesprungen wären. All diese Menschen wünschen sich heute, sie wären damals mutiger gewesen. Sei schlauer als sie. Du kannst das.

4. Schütz Dich vor »Social-Media-Masochismus«.

Aus den Augen, aus dem Sinn!
Redensart

»Knibbel nicht daran rum, sonst verheilt das nie!« Wer von uns hat das früher nicht von seinen Eltern gehört. Fast schon zwanghaft hatte man als Kind das Bedürfnis, den Schorf von seinem aufgeschürften Knie zu kratzen. Das tat weh, manchmal blutete es sogar. Aber trotzdem. Irgendwie musste es sein!

Inzwischen haben wir natürlich längst eingesehen, wie dumm es ist, den Schorf abzukratzen. Zumindest am Knie. Denn wenn unser Herz verwundet ist, tun wir es trotzdem. Mit dem kleinen Unterschied, dass wir dazu heute nicht mehr unsere Fingernägel benutzen, sondern einen Mausklick. Auf Facebook, Twitter, WhatsApp und Co.

Wie kaum eine andere Entwicklung des 21. Jahrhunderts haben die sozialen Medien nicht nur unser tägliches Leben, sondern leider auch unseren Liebeskummer verändert. Denn wenn mit der Liebe etwas schiefgeht, wird das, was uns eigentlich Freude bringen soll, schnell zu einem unangenehmen Mix aus Selbstquälerei und Spießrutenlauf:

»Seit mein Freund und ich getrennt sind, checke ich mindestens fünfmal am Tag sein Facebook-Profil«, sagen viele Frauen mir zu diesem Thema. »Immer, wenn er ein Foto oder irgendwas anderes postet, gucke ich mir die weiblichen Likes genau an. Und wenn unter seinen Kontakten eine Frau mehrfach nacheinander *Gefällt mir* klickt oder irgendeinen zweideutigen Kommentar hinterlässt, krieg ich fürchterliche Angst, dass er mit dieser Frau etwas haben könnte.« – »Manchmal geh ich einfach nur in unseren WhatsApp-Chat rein, um zu sehen, ob sie online ist«, höre ich auch von den Männern. »Völlig bescheuert ist das. Wenn sie dann da ist, starre ich das Wort ›*online*‹ an und hoffe, es wechselt zu ›*schreibt*…‹. Das passiert allerdings nie. Also frage ich mich dann, mit wem sie wohl chattet, manchmal mitten in der Nacht.«

Nicht nur die *Digital Natives* (die Generation der Frauen und Männer also, die nach 1980 geboren wurden), für die der Umgang mit der digitalen Welt selbstverständlich ist, wissen, wovon ich rede. Alle, die in den sozialen Medien unterwegs sind, tun *es*. Von der 20-jährigen Studentin bis zum Mittfünfziger. Jeder schämt sich dafür, für niemanden fühlt es sich gut an. Aber die »Stalking«-Möglichkeiten im Internet sind einfach zu unkompliziert, anonym und verlockend.

Die britische Professorin Tara Marshall hat im Jahr 2012 rund 500 Frauen und Männer zu ihrem Liebeskummer befragt. 57 Prozent von ihnen waren nach einer Trennung noch mit ihrem Expartner bei Facebook befreundet. Das Ergebnis: Im Vergleich zur Gruppe derer, die ihre Beziehung auch virtuell beendet hatten, verlief der Heilungsprozess bei denjenigen, die »Facebook-Freunde« blieben, deutlich langsamer. Trauer, Einsamkeit und sexuelles Verlangen nach dem Ex wurden durch den regelmäßigen Informationsfluss außerdem intensiviert. Die Frage ist also: Warum betreiben so viele von uns diesen »Social-Media-Masochismus«, obwohl wir ja wissen, dass er uns schadet? Muss das wirklich sein?

Erinnern wir uns dazu noch mal kurz an Helen Fisher, die amerikanische Anthropologin mit der Liebeskummer-Hirnstudie: Wer Liebeskummer hat, ist wie ein Junkie auf Entzug, sagt sie. Der Ex ist unsere Droge. Und wir versuchen, jeden noch so kleinen Krümel von diesem Stoff zu bekommen, obwohl wir schon vorher wissen, dass er nicht gut für uns ist. Via Mausklick am Leben des anderen teilzuhaben gibt uns scheinbar (!) etwas von der verlorengegangenen Nähe zurück – zumindest für ein paar Stunden. Dann brauchen wir den nächsten Klick.

Wir sind natürlich keine richtigen Masochisten, es ist nur so: Schmerz erscheint uns in diesem Zustand besser zu sein als gar nichts. Hinzu kommt die Sache mit der Ambivalenz. Denn natürlich haben wir Angst, bei unserer Kontrolle auf etwas Schlimmes (wie eine Nachfolgerin/einen Nachfolger) zu stoßen – aber es schwingt immer auch ein bisschen Hoffnung mit. Es könnte ja sein, dass der Expartner uns eine versteckte Botschaft schickt oder irgendetwas darauf schließen lässt, dass auch er unter der Trennung leidet.

Abgesehen von all diesen Faktoren gibt es noch einen weiteren Grund, warum das Stalken zwar nicht unbedingt sein muss, sich aber schwer unterdrücken lässt: Die meisten Frauen und Männer kommen sich schlichtweg albern und kindisch vor, wenn sie den Expartner als Facebook-Freund löschen oder ihm nicht mehr bei Twitter folgen etc. »Das wirkt so, als wäre ich eingeschnappt und verletzt, irgendwie unsouverän. Die Genugtuung gönne ich ihm nicht«, erklären sie mir dann. Und so ganz von der Hand weisen lässt sich diese Sorge wohl nicht. Die Frage ist allerdings: Ist sie es wirklich wert, dass Du Dir selbst stattdessen Schaden zufügst?

Ich sage ganz klar: Nein, das ist sie nicht. Und möchte Dich wieder auffordern: Hand aufs Herz. Du bist kein Kind mit einem aufgeschürften Knie mehr und kannst Verantwortung für Dich tragen. Solange Du Deinem Expartner über die sozialen Medien folgst oder bewusst nach Informationen recherchierst, räumst Du ihm Präsenz in Deinem Leben ein. Die detektivische Auswertung von Fotos, Status-Updates und anderen News kostet Dich nicht nur Zeit, die Du eigentlich brauchst, um sie in Dich selbst zu investieren. Die Nähe, die Du auf diese Weise herstellst, ist außerdem eine reine Illusion. Dein Ex gibt Dir nichts Greifbares, blockiert aber trotzdem den Platz an Deiner Seite. So kommst Du einfach nicht von ihm los. Die nächste Maßnahme Deiner Herzreparatur besteht deswegen darin, Dich ab sofort selbst vor jeder Art von Online-Stalking zu schützen. Dafür möchte ich Dich um Folgendes bitten:

1. Stell sicher, dass Du auf keinem Kanal mehr etwas mitbekommst. Die technischen Möglichkeiten sind zum Glück vorhanden: Bei Facebook, Twitter, WhatsApp und allen anderen gibt es verschiedene Optionen, die Inhalte einer Person auszublenden. Bei Facebook zum Beispiel kannst Du aktuell die Neuigkeiten eines Kontakts »abbestellen«, ihn als Kontakt entfernen oder komplett blockieren (dann ist es für Dich so, als würde diese Person bei Facebook gar nicht existieren, und andersherum ebenso). Solange Du jemanden nur als Freund entfernst, kannst Du all seine öffentlichen Postings immer noch sehen und auch Beiträge, die er für gemeinsame Kontakte freigegeben hat. Je nachdem, was für ein »Facebook-Typ« Dein Expartner ist, reicht das Löschen der virtuellen Freundschaft unter Umständen also nicht aus. Indem Du stattdessen Deinen Expartner blockierst, löst Du außerdem gleich zwei Probleme auf einmal: Du nimmst Dir die Möglichkeit, ihn zu stalken, und hältst Dich selbst davon ab, Dinge zu veröffentlichen in der Hoffnung, dass er sie sieht. In den USA testet Facebook seit einiger Zeit sogar eine neue Funktion, die alle mit dem Expartner verknüpften Informationen ausblendet, sobald Du Deinen Beziehungsstatus von »In einer Beziehung« zu »Single« änderst. Über kurz oder lang wird diese Option sicher auch für deutsche Facebook-Nutzer verfügbar sein.

Also: Tu wirklich alles, was verhindert, dass von jetzt an weitere virtuelle Informationen zwischen Euch fließen. Es ist besser für Dich, und Du brauchst keine Angst davor zu haben. Wenn Dein Expartner etwas mit Dir teilen oder Dir etwas mitteilen will, findet er einen anderen Weg.

2. Stell sicher, dass Dir niemand mehr etwas erzählt. »Letzte Woche habe ich mich mit einer Freundin im Café getroffen«, berichtete mir eine Kundin vor einiger Zeit, »und kaum, dass wir uns begrüßt hatten, fragte sie mich ganz aufgeregt, ob ich das Foto von meinem Ex mit dieser Blondine am Abend davor bei Facebook gesehen hätte. Hatte ich natürlich nicht, ich hab ihn ja blockiert. Aber nachdem ich das einmal wusste, hat es mir natürlich keine Ruhe gelassen. Am Ende hat sie es mir auf ihrem Handy gezeigt. Eigentlich ging es mir in den letzten zwei Wochen schon viel besser, aber das war ein ganz schöner Rückschlag, um ehrlich zu sein.«

Meist sind neben Dir selbst auch Deine Freunde und Deine Familie in sozialen Medien mit Deinem Partner vernetzt. Und »nur«, weil Ihr beide Euch getrennt habt, sollen und müssen sie nicht das Gleiche tun, weder im echten noch im virtuellen Leben. Während Du die Inhalte Deines Expartners also ausblendest, können sie online möglicherweise noch alles von ihm sehen. Umso wichtiger ist, dass Du Eure gemeinsamen Kontakte bittest, Dir vorerst nichts mehr von den Social-Media-Aktivitäten Deines Ex zu erzählen. Denn was Du auf diese Weise mitbekommst, sind in erster Linie Spekulationen. Schließlich macht es einen großen Unterschied, ob jemand Deinem Expartner im echten Leben begegnet, sich mit ihm unterhält und auf diese Weise erfährt, dass er eine neue Freundin hat, oder ob irgendwo im Internet ein scheinbar eindeutiges Foto von ihm mit einer anderen Frau auftaucht. Die eine Information ist verifiziert, die andere reine Interpretation – bei Dir setzen beide jedoch fast das gleiche Kopfkino in Gang.

Früher oder später wirst Du natürlich Dinge über Deinen Expartner erfahren, die Du als Realität anerkennen musst. Aber bis es so weit ist, erspar Dir schmerzhafte Spekulationen. Wie alle anderen Social-Media-Nutzer auch, wird Dein Expartner online vor allem die schönen Dinge aus seinem Leben zeigen. Darüber, was tatsächlich hinter den Kulissen läuft und wie es ihm geht, erfährst Du dort nichts.

3. Wenn Du Dich dabei besser fühlst, kündige Deinem Expartner an, dass Du ihn löschst/blockierst. Es ist Geschmackssache und hängt natürlich auch von Deiner persönlichen Trennungsgeschichte ab, aber wenn es Dir schwerfällt, Deinen Ex einfach so aus Deinem sozialen Netzwerk zu entfernen, dann sag es ihm vorher. Du kannst zum Beispiel kurz erklären, dass Du es nicht tust, weil Du wütend oder böse bist, sondern dass es dabei nur um Dich geht. Und selbst wenn Dein Expartner vorgibt, das albern oder kindisch zu finden, versichere ich Dir: Insgeheim wird er Deine Stärke bewundern und sich eingestehen (müssen), dass Du ihn loslässt. Unabhängig davon geht Dein Selbstschutz in dieser Sache einfach vor.

Wenn bei unseren Großeltern eine Beziehung auseinanderging, dann waren in den meisten Fällen die Leben von zwei Menschen auch wirklich getrennt. Heute trennen wir uns im echten Leben und wissen noch nicht genau, wie wir in unserem virtuellen Leben damit umgehen sollen, haben noch keine Spielregeln. In dieser Hinsicht befinden wir uns vielleicht in einer Übergangszeit.

♥

Solange Du im realen Leben zwar von Deinem Expartner getrennt bist, im virtuellen Leben aber mit ihm verbunden bleibst oder ihn dort »stalkst«, reißt Du mit jeder (interpretativen!) Information Deine Wunden wieder auf. Schütze Dich selbst vor diesem »Social-Media-Masochismus«, indem Du Informationskanäle wie Facebook, Twitter und Ähnliches zwischen Euch vorerst kappst.

♥

5. Tu jeden Tag etwas Gutes für Dich.

> *»Sich selbst zu lieben*
> *ist der Beginn einer wundervollen Romanze.«*
> Oscar Wilde

Angenommen, Deine beste Freundin hätte Liebeskummer, Dein Bruder oder Dein ältester Freund. Leider könnt Ihr Euch nicht treffen, weil Du gerade auf einer Reise bist. Stattdessen sprecht Ihr aber am Telefon. Du merkst, wie schlecht es dem anderen geht, er fühlt sich gerade richtig ungeliebt, traurig und allein. Ausgerechnet jetzt steht auch noch das Wochenende vor der Tür, und niemand hat Zeit. Du möchtest ihm also ein paar Tipps geben, was er während der nächsten beiden Tage tun kann, um sich besser zu fühlen. Was fällt Dir ein? Was rätst Du ihm oder ihr?

Ich habe diese Frage in letzter Zeit öfter mal in größeren Runden gestellt. Die Antworten, die ich bekam, ähnelten einander sehr: »Ich rate ihm, einen Ausflug zu machen, damit ihm die Decke nicht auf den Kopf fällt«, »Sie soll sich eine Massage gönnen oder einen Tag im Day Spa«, »Sie könnte einkaufen und zu Hause irgendein besonders tolles Gericht kochen«, »Sich mit einem schönen Film auf dem Notebook in die Badewanne oder die Sonne legen, je nach Jahreszeit«, »Beim Sport auspowern tut gut«, »Er soll sich verabreden und ins Kino oder ein Konzert gehen«, »Wenn das Wetter schön ist, empfehle ich einen langen Spaziergang im Wald«, »Zum Friseur und sich verwöhnen lassen« und so weiter und so fort. Weil alle Leute, die in diesen Runden zusammensaßen, natürlich selbst gerade Liebeskummer hatten, fragte ich im nächsten Schritt: »Okay, und was von all diesen Vorschlägen machst Du momentan für Dich selbst?« Daraufhin herrschte erst einmal Schweigen.

Tatsächlich ist es so, dass es uns beim Beispiel anderer Menschen oft viel leichter fällt als bei uns selbst, zu erkennen, was in einer bestimmten Lebenssituation *eigentlich* gut und richtig wäre. Für Liebeskummer gilt das insbesondere, wenn wir frisch aus einer Partnerschaft kommen: Nach längerer Zweisamkeit sind wir es meist nicht mehr gewohnt, völlig allein für uns zu sorgen, im ganz faktischen wie auch im emotionalen Sinn – es war ja immer jemand für uns da.

Selten brauchen wir unsere eigene Fürsorge allerdings so dringend wie jetzt. Denn nur sie steht uns 24 Stunden am Tag zur Verfügung, und nur auf sie ist hundertprozentig

Verlass, so fürsorglich und toll unsere Freunde und Familie jetzt auch sein mögen. Vor allem aber ist die Liebe und Zuneigung, die wir uns selbst entgegenbringen, unter allen denkbaren Anti-Liebeskummer-Mitteln das wirkungsvollste gegen den Schmerz. Andere Menschen können uns trösten, für uns da sein, mit uns reden – aber solange wir uns selbst nicht lieben und gut für uns sorgen, bleibt all das ein Tropfen auf den heißen Stein. Wer für sein eigenes Wohlbefinden ständig neue Unterstützung anderer Leute braucht, ist abhängig und wie ein Fass ohne Boden, das niemals voll (also glücklich und zufrieden) wird.

Der fünfte Teil Deiner Herzreparatur besteht nun also darin, besonders gut zu Dir zu sein. Und zwar *mindestens* einmal am Tag für 30 Minuten. Am Anfang wird Dir das vielleicht schwerfallen, weil Du gerade sehr selbstkritisch bist und außerdem den Eindruck hast, dass Dir nichts mehr Spaß macht. Aber Du wirst feststellen, dass der Erfolg mit dem Training kommt: Je konsequenter Du Dir jeden Tag Deine 30 Minuten nimmst, umso schneller wirst Du sie auch wirklich genießen.

Vielen Menschen fällt der Einstieg in diese Übung leichter, wenn sie sich ihr gebrochenes Herz als einen Patienten vorstellen: Jede Trainingseinheit ist ein Medikament oder Pflaster, das der Patient braucht, um gesund zu werden. Wann immer Du also Deine 30 Minuten hinter Dir hast, ist der Riss in Deinem Herzen ein Stück kleiner geworden.

Konkret bedeutet »sich Gutes tun« natürlich für jeden Menschen etwas anderes. Manche nehmen sich endlich mal Zeit zum Malen, andere gehen zur Massage, leihen sich den Hund vom Nachbarn für einen Spaziergang aus oder stehen früh auf, um den Sonnenaufgang zu sehen. Da habe ich schon vieles gehört! Nun müssen wir herausfinden, was genau es in Deinem Fall ist. Und das ist vermutlich gar nicht leicht, während Du traurig und vielleicht auch etwas antriebslos bist. Um Dich ein bisschen zu inspirieren, habe ich vier verschiedene Bereiche zusammengestellt, in denen Du vielleicht die passende Beschäftigung findest: 1. Beschäftigungen, bei denen Du Dich schon vor Deiner Beziehung wohl gefühlt hast. 2. Beschäftigungen, bei denen Du Dich in Deiner Beziehung wohl gefühlt hast. 3. Beschäftigungen, die Du ausprobieren willst. 4. Beschäftigungen, die gut für Deinen Körper sind. Wenn Du möchtest, nimm jetzt Stift und Zettel zur Hand und schreib Dir beim Weiterlesen eine kleine Liste.

1. Beschäftigungen, bei denen Du Dich vor Deiner Beziehung wohl gefühlt hast: Denk mal zurück – wie war das, als Du zuletzt Single warst? Was hat Dir Spaß gemacht, wie hast Du Deine Wochenenden und Abende verbracht? Manche dieser Aktivitäten hast Du während Deiner Partnerschaft sicher reduziert oder ganz aufgegeben. Das können ganz einfache Dinge sein, wie abends früh ins Bett zu gehen, um ein spannendes Buch zu lesen, oder größere, wie zum Beispiel all Deine Freunde oder Arbeitskollegen zu Dir einzuladen und mit ihnen zusammen zu kochen. Es geht also um Beschäftigungen, bei denen Du von jeher unabhängig von einem Partner warst.

2. Beschäftigungen, bei denen Du Dich in Deiner Beziehung wohl gefühlt hast: Der Mensch ist ein Gewohnheitstier – deswegen ist diese Art von Aktivitäten bei Liebeskummer meist die »schlimmste« Kategorie. Sie sind es, die Du mit Deinem Partner verbindest und die während Eurer gemeinsamen Zeit zu einem festen Bestandteil Deines Lebens geworden sind (zum Beispiel der Besuch im Lieblingsrestaurant am Freitagabend, gemeinsam ausgeübte Sportarten, regelmäßig wiederkehrende Veranstaltungen oder Ausflugsziele). Nun fehlt nicht nur er Dir, sondern zu allem Überfluss auch noch Dein »normales Leben« – denn ohne ihn macht Dir plötzlich nur noch wenig davon Spaß. Im Gegenteil: Bei solchen Beschäftigungen fürchtest Du, seinen Verlust besonders schlimm zu spüren. Dennoch möchte ich, dass Du Aktivitäten aus diesem Bereich nicht ganz aus Deinem Trainingsprogramm verbannst, nur, weil Dein Partner sie nicht mehr mit Dir teilt. Indem Du auf Dinge verzichtest, die Du eigentlich magst, gibst Du Deinem Liebeskummer viel Raum und schadest Dir selbst.

3. Beschäftigungen, die Du ausprobieren willst: mein heimlicher Lieblingsbereich, auf den wir auch noch mal zurückkommen werden, wenn ich Dir im zweiten Teil des Buchs zeige, wie Du Dein Herz für die Zukunft stabiler machen kannst. Hier gehören alle Dinge rein, die Du schon immer mal testen wolltest, wie zum Beispiel ein neuer Sport, das längst vergessene Kindheitshobby, etwas, wovon Du insgeheim träumst. Sicher fällt Dir einiges ein, lass Deiner Phantasie freien Lauf.

4. Beschäftigungen, die gut für Deinen Körper sind: Es wird momentan noch viele Tage geben, an denen Du Dich schwer konzentrieren kannst – selbst auf eigentlich angenehme Dinge. An solchen Tagen, wenn Dir alles andere zu mühsam ist, möchte ich Dich bitten, besonders gut zu Deinem Körper zu sein. Du kannst ein Wannenbad nehmen, Dir eine Massage gönnen, Sport machen oder einfach nur eine besondere Pflege oder Kosmetik anwenden. Jedes Mal, wenn Du fürsorglich zu Deinem Körper bist, bedeutet das nämlich auch Fürsorge für Dein verletztes Herz. Je wohler Du Dich in Deiner Haut fühlst, umso besser kann es heilen.

Wenn Du Deine Liste zusammengetragen hast, sind Dir sicher in jedem Bereich mindestens drei bis fünf Dinge eingefallen, die Du während *Deiner 30 Minuten* tun kannst. Tag für Tag kannst Du nun entscheiden, wonach Dir ist und was in Deine übrige Planung passt – und das bitte mindestens vier Wochen lang. In jedem Fall solltest Du mit dieser Maßnahme erst dann wieder aufhören, wenn es Dir deutlich bessergeht. Vielleicht behältst Du *Deine 30 Minuten* nach Deinem Liebeskummer aber auch ganz bewusst bei! Sich selbst ein guter beziehungsweise der beste Freund / die beste Freundin zu sein macht nicht nur glücklich, sondern auch unabhängig und frei. Warum also heute Abend nicht mal Dich selbst ins Kino ausführen? Oder in Dein Lieblingsrestaurant?

Ich möchte, dass Du Dir ab sofort jeden Tag *mindestens* 30 Minuten bewusst Zeit nimmst, um Dir etwas Gutes zu tun – wenn Du magst, auch deutlich länger. Widme Dich auf diese Weise der Pflege Deines gebrochenen Herzens, als wäre es Dein Patient.

♥

Noch ein Gedanke für Dich

Viele der Beschäftigungen, die ich hier genannt habe, und vermutlich auch viele, die auf Deiner Liste gelandet sind, kosten Geld. Das muss natürlich nicht sein. Im Gegenteil: Häufig sind es gerade die kleinen Dinge, die es fast umsonst gibt, die die größte Wirkung haben. Nichtsdestotrotz ist Liebeskummer eine Ausnahmesituation im Leben, in der Du Dir guten Gewissens auch mal etwas Besonderes gönnen kannst. Wenn es Deiner besten Freundin oder Deinem besten Freund schlechtginge, würdest Du ihr oder ihm mit Sicherheit auch etwas zur Aufmunterung schenken. Oder? Sei keinesfalls verschwenderisch, aber ruhig mal großzügig mit Dir selbst.

6. Rechtzeitig planen gegen Sonntagstief & Co.

Kümmere Dich um Dein Glück,
sonst kümmern sich Deine Probleme um Dich.
Unbekannt

Jeder Mensch, der Liebeskummer hat, kennt sie, diese Tage, die besonders anfällig für Einsamkeit, tiefe Trauer und verzweifelte Anrufe beim Expartner machen. Diese Tage, die einem nicht selten schon lange im Voraus schwer im Magen liegen. Weil man weiß, dass einem dann mit großer Wahrscheinlichkeit die Decke auf den Kopf fallen wird.

Mich würde nicht wundern, wenn auch Du bei diesen Worten als Allererstes an den Sonntag denkst. Denn es zeigt sich immer wieder: Der Sonntag ist der Super-GAU der frisch Getrennten und der Hass-Tag all jener, die schon länger Liebeskummer haben. Dicht gefolgt von verschiedenen Feiertagen wie Weihnachten, Silvester oder Ostern. Von Geburtstagen, Valentinstag oder Wochenenden, an denen die gemeinsamen Kinder beim Expartner sind, ganz zu schweigen.

Eine Kundin von mir hat es einmal so in Worte gefasst: »Früher, also vor der Trennung, habe ich den Sonntag geliebt. Mein Ex und ich hatten beide frei und haben meistens irgendwelche schönen Ausflüge oder so was gemacht. Seit er weg ist, merke ich an keinem anderen Tag der Woche so deutlich, wie allein ich bin. Meine Freundinnen sind fast alle liiert und haben keine Zeit. Zur Arbeit muss ich nicht, die Geschäfte haben zu. Zu allem Überfluss werde ich sonntagmorgens extrem früh wach. Dann liege ich im Bett, und der ganze Tag erstreckt sich in einer so deprimierenden Leere vor mir, dass ich meistens erst mal weinen muss. Ich weiß in solchen Momenten einfach nicht, wie ich die vielen Stunden hinter mich bringen soll. Inzwischen graut mir manchmal schon mittwochs vor dem Wochenende.«

Was verbindet nun alle diese kritischen Tage? In erster Linie sind sie für die meisten von uns keine Arbeitstage – was bedeutet, dass wir viel freie Zeit haben, die auf irgendeine Weise anders verbracht werden will. Dadurch werden wir besonders schonungslos mit unserer neuen Realität als Single konfrontiert. Denn sowohl Sonn- als auch Feier- und Urlaubstage sind Tage, die wir üblicherweise mit unserem Partner verbracht haben oder die zumindest in unserer Gesellschaft als klassische Pärchen-/ Familien-Zeit gelten.

Das Verrückte ist: Während unserer Partnerschaft hatten wir vermutlich gar keine großen Probleme damit, solche Tage auch mal getrennt voneinander zu verbringen. Vielleicht haben wir dieses freiwillige Alleinsein ab und zu sogar richtig genossen. Aber ist der Partner wirklich weg, fühlen wir uns plötzlich unvollständig und einsam und mit zu viel freier Zeit überfordert. Im Beratungsalltag der *Liebeskümmerer* kann ich das nicht nur daran erkennen, wie viele Frauen und Männer mir konkret von ihrer »Freizeitangst« berichten. Schon die Beratungsnachfrage spricht eine eindeutige Sprache: Vor und an Wochenenden und Feiertagen suchen die allermeisten Menschen Hilfe bei uns.

Nun sind »Sonntagstief und Co.« auf zwei Ebenen besonders problematisch: Zum einen in Bezug auf die Intensität des mit ihnen verbundenen Schmerzes. Natürlich ist es wichtig, sich mit dem eigenen Liebeskummer auseinanderzusetzen und Trauer zuzulassen. Je öfter man aber Momente der absoluten Niedergeschlagenheit erlebt, umso größer ist meiner Erfahrung nach das Risiko, in eine gefährliche Abwärtsspirale zu geraten. Der heftigste, aber gleichzeitig plakativste Fall, der mir in dieser Hinsicht einmal begegnet ist, war eine 56-jährige Frau, deren Partner sich kurz vor den Weihnachtstagen von ihr getrennt hatte. Weil sie sich in ihrem Zustand weder der Familie ihres Bruders noch Freunden »aufdrängen« wollte (so drückte sie es wörtlich aus), blieb sie die Feiertage über allein. Der 24. Dezember fiel in dem Jahr auf einen Mittwoch, so dass sich von Donnerstag, den 25. Dezember, bis Sonntag, den 28. Dezember, vier arbeitsfreie Tage ergaben. Ziemlich direkt auf das lange Weihnachtswochenende folgte natürlich auch schon wieder Silvester. Bei den *Liebeskümmerern* meldete die Dame sich Mitte Januar, nachdem sie am Neujahrsmorgen einen Suizidversuch unternommen hatte. »Ich hätte in meiner Situation niemals so lange allein sein dürfen, ich habe das unterschätzt«, schrieb sie mir, »so ganz ohne Austausch mit anderen Menschen oder zumindest Ablenkung kam ich aus meiner dunklen Gedankenblase gar nicht mehr raus. Es wurde immer finsterer um mich herum.«

Das ist natürlich ein besonders krasses Beispiel (das auch über die Beratungsmöglichkeiten der *Liebeskümmerer* hinausgeht – die Dame begann eine ambulante Psychotherapie). Aber es zeigt deutlich: Ein Mangel an Kontakten zu anderen Menschen oder an Aktivitäten und das daraus resultierende pausenlose Kreisen um sich selbst kann einen Menschen an seinen kritischen Tagen an die seelischen Grenzen bringen. So weit darf es wegen Liebeskummer nicht kommen!

Das zweite Risiko, das solche Tage mit sich bringen, ist, dass Du aus lauter Verzweiflung Dinge tust, die Du später bereust: den Expartner stalken, an seinem Haus vorbeifahren, zum Alkohol greifen. Vielleicht schickst Du ihm irgendwann eine SMS oder rufst ihn an, um Dir Luft zu machen. Allerdings wirst Du in einem solchen Moment mit großer Wahrscheinlichkeit Dinge sagen, die Du eigentlich gar nicht so meinst. Ich halte nichts von Kontaktsperren, wie Du weißt. Aber wenn Du Kontakt aufnimmst, dann sollte das nicht aus Verzweiflung geschehen.

Aus all diesen Gründen lautet der sechste Teil Deiner Herzreparatur: *Rechtzeitig planen gegen Sonntagstief & Co.* Ziel dieser Maßnahme ist, Deine kritischen Tage und Situationen zu identifizieren und dafür zu sorgen, dass sie von jetzt an nicht mehr unvorbereitet auf Dich zukommen. Stattdessen wird es darum gehen, mit ausreichend Vorlauf und ganz bewusst Aktivitäten zu planen. Denn obwohl Du bestimmt weißt, dass das hilft, fällt es Dir momentan schwer. Das hat einen guten Grund:

In den ersten Wochen und Monaten nach einer Trennung musst Du Dich nicht nur an Deinen neuen Beziehungsstatus gewöhnen. Deine Tagesabläufe und Freizeitgestaltung sind mit dem Verschwinden des Partners ebenfalls durcheinandergeraten. Wo gerade noch Stabilität war, herrschen jetzt Chaos und Leere. Du musst Dich erst neu organisieren, und das Problem ist: Das geht nicht von jetzt auf gleich. Erinnerst Du Dich noch an das Phasenmodell des Liebeskummers, über das wir vorhin schon einmal gesprochen haben? Demnach erfolgt die »Neuorientierung« erst in der dritten Phase nach einer Trennung! Denn solange wir mit dem »Nicht-wahrhaben-Wollen« und den »aufbrechenden Gefühlen« beschäftigt sind, haben wir weder das Interesse noch die Energie, viel an unseren Gewohnheiten zu ändern, die wir aus der Beziehung mitgenommen haben. Oder, anders gesagt: Wenn die eingangs zitierte Frau am Sonntagmorgen mit Liebeskummer im Bett liegt, ist sie deswegen so deprimiert und planlos, weil sie noch keine Handlungsalternativen zu den Ausflügen mit ihrem Expartner sieht – und sehen will.

Hierbei liegt die Betonung allerdings auf *noch*. Denn dieses Ankommen im »neuen Leben« mit neuer Freizeitgestaltung, intensiveren Kontakten zu Freunden und Familie und neuen Alltagsabläufen ist bei den allermeisten Frauen und Männern nur eine Frage der Zeit. Erinnere Dich daran: Dein Lebensglück und Deine tägliche Zufriedenheit sind weder von Partnerschaft im Allgemeinen noch von einem konkreten anderen Menschen abhängig. Du befindest Dich lediglich in einer Übergangszeit. Tatsächlich erlebe ich es sogar relativ häufig, dass Kunden ihre neugewonnene Unabhängigkeit genießen, sobald der schlimmste Trennungsschmerz überwunden ist: »Für meine Freunde, meine Familie und auch meine Hobbys habe ich jetzt wieder viel mehr Zeit, und das tut mir gut. Irgendwie habe ich in den letzten komplizierten Monaten meiner Beziehung gar nicht mehr gemerkt, wie sehr mir das alles fehlt«, schrieb mir beispielsweise ein 26-jähriger Mann einige Wochen nach Abschluss der Beratung.

Für die sechste Maßnahme möchte ich nun also, dass Du zwei Dinge tust: Bitte überlege Dir erstens, welche Deine persönlichen »Angsttage« sind. Sind es die Sonntage? Stehen Feiertage an? Hast Du bald Geburtstag? Der zweite Schritt wird sein, dass Du für jeden dieser Tage mit ausreichend Vorlauf (!) etwas planst: Treffen mit Freunden, Ausflüge, einen Aufenthalt im Spa – als Anregung dafür kann auch Deine Liste mit Dingen, die Dir guttun, aus dem letzten Kapitel dienen. Denn dass Du Dir etwas vornehmen sollst, bedeutet natürlich nicht immer, dass Du Dich mit jemandem verabreden oder vor die Tür gehen musst. Wichtig ist in erster Linie, dass Du morgens nicht aufwachst, ohne einen Plan zu haben.

Nichtsdestotrotz möchte ich Dich ermutigen, es Deinem Freundes- und Familienkreis offen zu sagen, wenn Du ihn brauchst. Warte nicht darauf, dass sie es Dir anbieten, sondern nimm Deine »Versorgung« selbst in die Hand – so machst Du es Euch allen leichter. Falsche Zurückhaltung ist nicht angebracht!

Hilfreich kann es außerdem sein, wenn Du gerade für die vor Dir liegenden Wochenenden ein größeres, längerfristiges Projekt startest: Manche Kunden berichten mir zum Beispiel von einem Kurs für den Segelschein, lernen eine neue Sprache oder bilden sich beruflich fort.

♥

Jeder Mensch, der Liebeskummer hat, kennt Tage, Anlässe, Situationen, die besonders anfällig für schlimme Trauer und Verzweiflung machen. Ich möchte, dass Du vorausschauend planst und Dir für diese kritischen Momente von nun an rechtzeitig etwas vornimmst.

♥

7. My home is my castle:
Mach Dein Zuhause zu Deinem Schutzraum.

Willst Du recht zu Hause sein,
kehre bei Dir selber ein!
Otto von Leixner

»My home is my castle« – kennst Du diesen Spruch? Ich muss zugeben, dass ich mir bis zur Gründung der *Liebeskümmerer* nie groß Gedanken darüber gemacht habe, was er eigentlich genau bedeutet. Aber in der Zusammenarbeit mit frisch Getrennten wurde mir bewusst, wie wahr und vor allem, wie wichtig er ist. »My home is my castle« – »Mein Zuhause ist meine Burg«. Mein Zuhause ist mein Schutzraum, mein Rückzugsort, der Platz, an dem ich sicher bin. Aber auch der Ort, an dem ich mich erholen kann. Der Ort, an dem ich Kräfte tanke. Kurzum: Ohne meine Burg bin ich aufgeschmissen, wenn ich eine Schlacht zu schlagen habe – wie auch Liebeskummer eine ist.

Wer zumindest schon einmal ein Zuhause hat, in dem er sich wohl fühlt, hat im Kampf gegen den Herzschmerz eine gute Basis. Wem diese »Burg« hingegen fehlt, das zeigt sich regelmäßig, der ist besonders anfällig für Sonntagstief und Co. oder für Gefühle wie Verzweiflung, Trauer und Angst. In der Regel dauert die Auseinandersetzung mit dem Liebeskummer ohne eine solide Homebase auch länger. Kein Wunder: Im übertragenen Sinne zieht Dir der Liebeskummer den Boden unter den Füßen weg – wenn Dir das Gleiche nun auch noch mit dem Boden passiert, auf dem Du täglich stehst, verlierst Du doppelt den Halt. »Das Einzige, was unsere Trennung für mich halbwegs erträglich gemacht hat«, sagte mir kürzlich eine Kundin, »war die Tatsache, dass ich meine alte Wohnung während der anderthalb Jahre, die ich bei meinem Freund gewohnt habe, behalten und nur untervermietet hatte. Als Schluss war, konnte ich dorthin zurück. Das war ein bisschen, wie zu einer alten Freundin zu kommen. Es war mein Lichtblick in all dem Chaos.«

Nun hat natürlich nicht jeder noch seine alte Wohnung in der Hinterhand – denn wer sich ernsthaft auf eine Partnerschaft einlässt, will das meistens gar nicht. Umso wichtiger ist die folgende Frage: Wie wohl fühlst Du Dich in Deinem momentanen Zuhause? Kannst Du es als Deine »Burg« bezeichnen? Wenn ja, dann freue ich mich unglaublich für Dich! Wenn nein, sollten wir versuchen, daran jetzt zusammen etwas zu ändern.

Wenn zwei Menschen sich trennen, dann geht damit eigentlich immer auch eine Veränderung ihrer Wohnsituation einher. Sie kann groß ausfallen, wenn man einen gemeinsamen Haushalt hatte, oder kleiner, wenn es nur darum geht, dass der andere seine Spuren im eigenen Zuhause hinterlassen hat. Aber vollkommen egal, wie groß oder wie klein die Veränderung ist, man muss irgendwie mit ihr umgehen – eigentlich. Denn was ich leider relativ häufig erlebe, ist, wie schwer das den Betroffenen fällt:

Derjenige, der aus einer gemeinsamen Wohnung ausziehen muss, sucht sich manchmal monatelang nichts

Eigenes, sondern kommt tage- oder wochenweise bei Freunden oder im Hotel unter oder wählt andere Behelfslösungen. Derjenige, der zurückbleibt, ist wie gelähmt und nach dem Auszug des anderen nicht in der Lage, etwas an der gemeinsamen Wohnung zu verändern, sei es die Möblierung oder das Klingelschild. Und selbst, wer nur die Zahnbürste des anderen in seinem Badezimmer und dessen Kopfkissen im Bett liegen hat, lässt diese mitunter sehr, sehr lange unberührt (einmal ist es mir sogar schon begegnet, dass das zuletzt vom Expartner verwendete Handtuch fast ein Jahr nach der Trennung noch ungewaschen an derselben Stelle hing!).

Was bei allen drei Verhaltensmustern dahintersteckt, ist klar: der innere Widerstand dagegen, die neue Realität anzuerkennen, verbunden mit der Hoffnung, dass es doch noch ein Zurück gibt. Solange sein Name noch auf dem gemeinsamen Türschild steht und die Bettwäsche noch nach ihm riecht, ist der Expartner vielleicht doch noch nicht ganz weg. Oder zumindest wird es ihm leichter fallen, wiederzukommen...

Ich kann dieses Festhalten am äußeren Rahmen natürlich verstehen. Es ist ein Schutzmechanismus und in dieser Funktion nicht nur nachvollziehbar, sondern auch legitim. Allerdings, und das ist das Problem, verhindert es, dass man den gleichen Schutz bei dem Menschen sucht, der ihn einem jetzt *wirklich*, verlässlich und auf Dauer geben kann: sich selbst. Mit seiner eigenen »Burg«.

»Der Prozess des sich neu Einrichtens beziehungsweise des Umgestaltens der eigenen vier Wände ist eine fast schon therapeutische Möglichkeit, sich selbst dabei zu unterstützen, nach einer Trennung das eigene Leben zurückzuerobern«, bestätigte mir die Wohnpsychologin (ja, so was gibt es!) Dr. Barbara Perfahl, mit der ich ein längeres Gespräch zu diesem Thema führen konnte. »Das Wohnumfeld hat nämlich einen viel direkteren und größeren Einfluss auf unser Seelenleben, als viele Menschen glauben. Verändere ich etwas im Äußeren, verändert sich auch etwas in mir.« Und das kann man sich bei Liebeskummer zunutze machen:

Mit jedem kleinen Schritt, mit dem Du Dein Zuhause zu Deiner »Burg« – und nicht zu einem Museum in Gedenken an Deinen Expartner – machst, wirst Du nicht nur öfter Entspannung finden, sondern auch ein bisschen besser Einzug in Dein eigenes Leben halten. Im wahrsten Sinne des Wortes.

Dafür ist zunächst wichtig, für klare Wohnverhältnisse zu sorgen: Wenn Du aus einer gemeinsamen Wohnung ausgezogen bist, bedeutet das, Dich auf die Suche nach Deinen eigenen vier Wänden zu machen, anstatt mit Couchsurfing zu improvisieren. Natürlich gibt es Städte, in denen es nicht so leicht ist, spontan schönen und bezahlbaren Wohnraum zu finden. Dann könnte eine möblierte Zwischenmiete für mehrere Monate vielleicht eine Lösung sein. In jedem Fall solltest Du verhindern, alle paar Tage oder Wochen umziehen zu müssen, so dass Du ständig auf gepackten Koffern sitzt. Kümmere Dich außerdem darum, Möbel, Kleidung und alle anderen Dinge zeitnah mit dem Expartner auseinanderzudividieren. Solange Ihr das nicht gemacht habt, bleibt die Notwendigkeit, es zu tun, immer eine »Baustelle« in Deinem Kopf.

Und das wiederum hindert Dich daran, zur Ruhe zu kommen.

Wenn Du in der Wohnung geblieben bist, die Du und Dein Expartner Euch einmal zusammen gesucht habt, überlege Dir: Ist sie erstens *der* Ort und zweitens *an dem* Ort, wo *Du* wirklich leben möchtest? Oder waren Lage, Schnitt etc. eher ein Beziehungskompromiss? Bist Du zum Beispiel eigentlich ein Stadtmensch, auf Wunsch Deines Expartners aber aufs Land gezogen beziehungsweise andersherum? Dann könnte auch für Dich jetzt der richtige Zeitpunkt für einen Umzug sein. Was nicht heißt, dass Du vor Deinem Liebeskummer davonlaufen kannst! Vielmehr geht es darum, Dein Leben nach Deinen Vorstellungen neu zu sortieren, anstatt im Lebensentwurf der vergangenen Beziehung stecken zu bleiben.

In vielen Fällen und aus unterschiedlichen Gründen wird es so sein, dass Du nach einer Trennung in den ehemals gemeinsam bewohnten Räumen bleibst. Was kannst Du dann tun, um aus *Eurem* alten Zuhause *Dein* neues Zuhause zu machen? Auch hierzu habe ich Barbara Perfahl befragt. »Es müssen nicht gleich frisch gestrichene Wände oder lauter neue Möbel sein«, sagte sie. Und auch klassische Farbweisheiten (»Grün beruhigt«) oder Einrichtungsregeln (»Nie zu viele Stile mischen«) soll man bei Liebeskummer erst mal getrost ignorieren. »Das Entscheidende nach einer Trennung ist, authentisch zu wohnen, seinen eigenen Geschmack in vollen Zügen auszuleben – ohne auf die Meinung oder die Bedürfnisse des Expartners Rücksicht nehmen zu müssen. Jetzt ist alles erlaubt! Konkret heißt das: Vielleicht fliegt die hässliche Vase, die sie damals angeschleppt hat, erst mal raus. Oder ich benutze endlich wieder die Satinbettwäsche, die er nicht leiden konnte. Das Bett wird unters Fenster gerückt, wo es dem Expartner immer zu zugig war. Häufig sagen mir Leute, dass diese kleinen Veränderungen in ihrem Zuhause die ersten positiven Aspekte sind, die sie dem Scheitern ihrer Beziehung abgewinnen können.« Wichtig ist aus Perfahls Sicht auch, die Umgestaltung nicht hauruckmäßig zu vollziehen, sondern Schritt für Schritt. So hat man mehr davon.

Und noch eine Maßnahme möchte ich Dir ans Herz legen: Verbanne besonders emotionale Erinnerungsstücke vorerst aus Deinem Blickfeld. Und zwar ausdrücklich nicht, um die vergangene Beziehung abzuwerten, sondern nur, um es Dir ein bisschen leichter zu machen. Denn natürlich reißen die Fotos vom letzten Urlaub oder das kleine silberne Herz auf dem Schreibtisch, das Dein Expartner Dir einmal geschenkt hat, Deine Wunden immer wieder auf. Diese Sachen sind (mindestens im ideellen Sinn) dennoch sehr wertvoll, und Du solltest sie in keinem Fall entsorgen. Aber parke sie für eine Weile an einer Stelle, an der Du sie nicht ständig zu sehen brauchst. Irgendwann wird der Moment kommen, in dem Du sie gern und ohne Schmerz wieder hervorholst und Dich über die schönen Erinnerungen freust – so verrückt das in Deinen Ohren gerade klingen mag. Wenn Du sie hingegen wegwirfst, wäre das Risiko sehr groß, dass Du es später einmal bereust.

Wenn Du den Impuls verspürst, das Buch nun erst mal beiseitezulegen und mit der Wohnungssuche oder dem

Umräumen zu beginnen: Nur zu! Ich laufe nicht weg. Und je früher Du damit anfängst, umso schneller kann diese Maßnahme Dir helfen. Was ich zum Schluss nur noch kurz erwähnen möchte: Barbara Perfahl verriet mir, dass sie Menschen, die ihr im Alltag begegnen, regelmäßig frage, welches denn die Wohnung (beziehungsweise das Haus) gewesen sei, wo sie sich in ihrem bisherigen Leben am allerwohlsten gefühlt hätten. Was denkst Du, was die meisten antworten? Ich war ganz schön überrascht! Sie nennen nämlich eine Wohnung, in der sie nicht etwa mit einem Partner, sondern ganz allein gewohnt haben. Eine Single-Wohnung. Und wenn ich genau drüber nachdenke, das wurde mir am Ende unseres Gespräches klar, geht es mir genauso. Ganz lustig, oder? Hand aufs Herz: Wie ist es bei Dir?

Ein Ort, an dem Du Dich zu Hause fühlst und an dem Du zur Ruhe kommen kannst, ist in Deiner Situation unerlässlich. Wenn Du momentan keinen solchen Ort hast, dann richte ihn Dir ein. Dieser Nestbau hat einen beinahe therapeutischen Effekt: Du unterstützt Dich damit selbst dabei, wieder ganz in Deinem eigenen Leben anzukommen.

8. Mach Schreibübungen gegen Liebeskummer.

Schreiben heißt finden, was in Dir lebt.
Rutger Kopland

Auch nachdem Du zwischen Dir und Deinem Expartner für klare Verhältnisse gesorgt und viel mit Freunden über Deinen Liebeskummer gesprochen hast, bleibt in der Regel noch jede Menge Auseinandersetzungsbedarf übrig. Viele Betroffene beschreiben das als die »endlose Gedankenschleife im Kopf«, die meist als sehr unangenehm, fast zwanghaft empfunden wird. Wenn es Dir genauso geht, ist es sinnvoll, Schreibübungen zu machen.

Solange Du nämlich alles, was Dir über Deinen Expartner, Eure Beziehung und Deinen Kummer durch den Kopf geht, im Stillen vor Dich hin denkst, ist es ziemlich schwierig, einen gedanklichen Abschluss zu finden. Jeder kennt das aus anderen Situationen wie einem Projekt im Job oder der Organisation einer Veranstaltung: Erst, wenn man seine Ideen und Konzepte zu Papier gebracht hat, kann man sich entspannen – weil sie dann raus aus dem Kopf sind und kein Gedanke mehr verlorengehen kann. Hinzu kommt, dass einem beim Ausformulieren viel besser auffällt, wo noch Lücken sind und an welchen Stellen man Details ausarbeiten sollte.

Indem Du den riesigen Wirrwarr also aus Deinem Kopf herausholst und ihn im Rahmen eines Schreibprozesses genauer unter die Lupe nimmst, wirst Du nicht nur zu neuen Erkenntnissen kommen, sondern Du schaffst auch Platz für andere, schönere Gedanken. Im Folgenden habe ich daher die meiner Erfahrung nach wirkungsvollsten Schreibübungen gegen Liebeskummer zusammengetragen. Sie kommen aus verschiedenen therapeutischen Schulen beziehungsweise Coaching-Ansätzen, und Du musst nicht (kannst aber!) jede von ihnen machen.

Hand aufs Herz: Wichtig ist, dass Du Dich beim Schreiben wirklich auf die Übung einlässt. Nimm Dir Stift und Zettel, Zeit und Ruhe und formuliere Deine Gedanken richtig aus, anstatt zum Beispiel nur Stichpunkte zu machen. Natürlich kannst Du längere Texte auch am Computer schreiben.

Übung 1:
Pro-&-Kontra-Listen

Der Klassiker unter den Schreibübungen. Eine Pro-und-Kontra-Liste zu schreiben bedeutet, dass Du in zwei Spalten all die Dinge zu Papier bringst, die *für* und all die Dinge, die *gegen* eine bestimmte Sache sprechen. Anschließend kannst Du jedem einzelnen Aspekt eine Gewichtung zuordnen, also beispielsweise eine Eins für ein nicht so schwer ins Gewicht fallendes Argument und eine Drei für ein sehr bedeutsames Argument. Auf diese Art ergibt sich eine nüchterne, aber häufig sehr aufschlussreiche Kalkulation: Welche Seite hat mehr Punkte gesammelt, Pro oder Kontra?

In Bezug auf Liebeskummer kann man Pro-und-Kontra-Listen unter verschiedenen Gesichtspunkten schreiben, um mehr Klarheit in das eigene Gefühlschaos zu bringen. Die wichtigste Fragestellung wäre natürlich, was für und was gegen die Beziehung zum Expartner spricht: Ist es überhaupt »richtig«, ihn zu vermissen oder sogar zurückzuwollen? Wenn nicht, werden sich durch das Verfassen einer Pro-und-Kontra-Liste Deine Gefühle natürlich nicht von jetzt auf gleich ändern – aber sie trägt unter Umständen einen entscheidenden Teil zum Heilungsprozess bei.

Um Dir zu verdeutlichen, wie so eine Liste aussehen kann, möchte ich Dir beispielhaft die Pro-und-Kontra-Liste einer Kundin (natürlich mit deren Erlaubnis) zeigen:

Pro – was für T. und mich spricht:

- Ich habe noch immer große Gefühle / liebe ihn (3)
- Ich habe mich noch mit niemandem so wohl gefühlt wie mit ihm (3)
- Der Sex (2)
- Die Vertrautheit (2)
- Die Glücksgefühle, die er in mir wecken kann (3)

Kontra – was gegen T. und mich spricht:

- Er will nicht mehr zurück (3)
- Ich könnte ihm nie wieder vertrauen (3)

– Ich war häufig sehr unglücklich (3)
– Ich konnte an seiner Seite nie richtig ich selbst sein (3)
– Meine Familie und Freunde mögen ihn nicht (2)
– Er wird sich nicht ändern (2)
– Andere Frauen haben mit ihm schon das Gleiche erlebt (2)
– Beziehungen lassen sich grundsätzlich schwer aufwärmen (1)
– Ich musste seinetwegen einen HIV-Test machen (2)
– Ich bin durch den vielen Stress zwischen uns in den letzten Jahren schneller gealtert (2)

Unter dem Strich landete sie bei 13 Punkten Pro und 23 Punkten Kontra. Über diese Differenz war die Kundin selbst überrascht. »Bis jetzt kam es mir irgendwie so vor, als würden viel mehr Argumente für als gegen uns sprechen«, sagte sie mir, »die Liste hat meine Sicht auf die Dinge relativiert und wirft ehrlich gesagt die Frage auf, warum genau ich eigentlich so leide.«

Auch zu anderen Überlegungen, die Deinen Liebeskummer betreffen, kannst Du Pro-und-Kontra-Listen schreiben. Am hilfreichsten sind sie immer dann, wenn Du zu Klarheit in Bezug auf eine bestimmte Entscheidung kommen willst (»Macht es Sinn, noch einmal aktiv das Gespräch mit ihm zu suchen?«) oder wenn Du Ordnung in Dein Gefühlsdurcheinander bringen möchtest (»War diese Beziehung gut für mich?«).

Übung 2:
Die Weggabelung

Vor lauter Schmerz und Liebeskummer verlieren wir manchmal das große Ganze aus dem Blick. Für den Moment wissen wir nur, dass wir den Expartner zurückhaben wollen – aber was wäre eigentlich dann? Wohin würde uns eine Wiedervereinigung führen? Ist sie wirklich wünschenswert? Wie sieht unsere persönliche Perspektive mit und ohne diesen Partner aus? Um eine Antwort auf diese Frage zu finden, kann die Weggabelung-Schreibübung helfen:

Stell Dir vor, Du stehst an einer Weggabelung. Einen der Wege gehst Du gemeinsam mit Deinem Expartner weiter, den anderen allein. Fünf Jahre lang. Wohin wird Dich der eine und wohin der andere Weg voraussichtlich führen? Wo in Deinem Leben wirst Du in fünf Jahren mit, wo ohne diesen Menschen stehen? Wie wirst Du Dich am Ende des einen und wie am Ende des anderen Weges fühlen?

Bei dieser Übung ist besonders wichtig, dass Du zu Dir selbst vollkommen ehrlich bist, was die Konflikte, die Probleme und das Potential Eurer Beziehung betrifft.

Übung 3:
Liebesbrief an Dich selbst

Das klingt ein bisschen verrückt, aber hast Du Dir schon einmal selbst einen Liebesbrief geschrieben? In dem Du Dir all die Dinge gesagt hast, die Du an Dir magst? Wenn nein, dann ist jetzt eine gute Gelegenheit dafür! Denn natürlich liebst Du Deinen Expartner. Aber was ist mit Dir selbst? Was macht Dich so liebenswert? Warum verdienst Du es, geliebt, respektiert und wertgeschätzt zu werden? Und berücksichtigt Dein Expartner das auch? Behandelt er Dich also so gut, wie es angemessen wäre?

Übung 4:
Dialog mit Deinem Herzen

Wenn ich Menschen mit Liebeskummer frage: »Was fühlst du?«, bekomme ich häufig erst mal die Antwort: »Ich weiß es gar nicht genau.« Erstaunlich, einerseits. Aber andererseits auch nicht. Denn im Liebeskummer spielen so viele verschiedene Emotionen eine Rolle, dass es manchmal schwierig ist, sie genau voneinander zu differenzieren: Trauer, Wut, Angst, Enttäuschung, Eifersucht, Einsamkeit, vielleicht aber auch Erleichterung oder Hoffnung. Um mit Deinen Gefühlen »arbeiten« zu können, ist natürlich wichtig, dass Du sie erst einmal kennst. Nur wenn Du weißt, ob und wovor Du Angst hast, kannst Du der Angst etwas entgegensetzen. Und nur wenn Du weißt, ob in all dem Chaos auch positive Gefühle vorhanden sind, kannst Du Dich auf sie konzentrieren. Die folgende Übung hilft Dir dabei, Deine eigenen Emotionen besser wahrzunehmen. Sie heißt »Dialog mit Deinem Herzen«. Dabei führst Du eine Art inneres Gespräch mit Deinen Gefühlen.

Am einfachsten beginnst Du den Dialog mit der Frage: »Liebes Herz, wie geht es dir?« Vielleicht fällt Dir ein paar

Augenblicke keine Antwort ein. Dann schließ die Augen und hör genau hin: Welcher Satz kommt Dir als Erstes in den Sinn? Dein Herz fühlt sich vielleicht klein, einsam, ängstlich – oder eben erleichtert oder sogar befreit. Ambivalenz ist ausdrücklich erlaubt!

Im zweiten Schritt, nachdem Du also den Jetzt-Zustand herausgearbeitet hast, kannst Du weitermachen mit der Frage: »Liebes Herz, was brauchst du von mir?« Oder detaillierter: »Liebes Herz, was brauchst du von mir, damit du nicht mehr solche Angst hast?« Filtere Deine Gedanken nicht. Es gibt bei diesem Dialog kein Richtig oder Falsch.

Um Dir einen Eindruck davon zu geben, wie so ein Gespräch mit dem eigenen Herzen aussehen kann, habe ich wieder einen kurzen Auszug aus einem echten Beispiel für Dich:

Liebes Herz, wie geht es dir?

Momentan habe ich Panik. Es geht mir nicht gut. Ich sehne mich nach Ruhe. Aber es strömen zu viele Gefühle auf mich ein.

Du hast Panik? Wovor? Was macht dir so viel Angst?

Ich habe Angst, dass ich ohne Markus nicht mehr der Mensch bin, der ich mit ihm war. Es kommt mir so vor, als wäre ich durch ihn attraktiver geworden, als hätte mein ganzes Umfeld mich durch ihn spannender gefunden. Ohne ihn werde ich wieder eine graue Maus. Das ist ein fürchterlicher Gedanke.

Was kann ich tun, um dir diese Angst zu nehmen?

Du kannst dir beweisen, dass du auch ohne Markus ein liebenswerter Mensch bist – denn natürlich, das bist du! Du brauchst ihn nicht, um der Mensch zu sein, der du an seiner Seite warst. Das kommt aus dir ganz allein.

Übung 5:
Dinge, die mir an einem Partner wichtig sind

Wie schon in Übung Nummer 2, der »Weggabelung«, geht es auch hier darum, nicht das große Ganze aus dem Blick zu verlieren und vor lauter Schmerz und Verlustangst nicht die eigenen Bedürfnisse zu vergessen. Daher möchte ich Dich bitten, einmal zusammenzutragen, welche Charaktereigenschaften Dir an einem Partner *theoretisch* wichtig sind und wie Du Dich – idealerweise – an seiner Seite fühlen möchtest. Anschließend vergleiche Deine Wünsche und Ansprüche mit der Realität: Welche Deiner Kriterien kann Dein Expartner erfüllen, welche nicht?

Natürlich gibt es nicht den Traummann oder die Traumfrau, die allen unseren Vorstellungen zu 100 Prozent entsprechen (und manchmal ist das, was wir für passend halten, auch gar nicht das Richtige für uns!). Aber viele meiner Kunden nennen in dieser Auflistung Eigenschaften des Partners wie Treue, Ehrlichkeit, Verlässlichkeit oder ein gemeinsames positives Lebensgefühl, Wertschätzung und Respekt als wünschenswerte Merkmale einer Beziehung. Beim Abgleich mit der Realität stellen sie dann fest, dass viele dieser Beschreibungen auf die Beziehung zum Expartner schon lange nicht mehr zutreffen und vermutlich auch nie wieder zutreffen werden. Das ist eine schwere, aber sehr wichtige Erkenntnis.

Gedanken einer Kundin zu dieser Übung: »Das Schreiben der Liste mit den ›Dingen, die mir an einem Partner theoretisch wichtig sind‹ brachte mich darauf, dass *ich* all diese Eigenschaften besitze, sie alle auch mit in eine Beziehung bringe. Wow! Das bestätigt noch mal sehr gut mein Selbstbild, steigert meinen Selbstwert. Diese Aspekte, die mir so wichtig sind – die machen mich zu einer tollen Frau, einer besonderen Persönlichkeit. Die Liste kommt jetzt an meinen Spiegel, damit ich das nicht wieder vergesse.«

Übung 6:
Es ist nicht alles schlecht!

Es gibt Menschen, die behaupten, dass negative Gefühle in erster Linie durch eine negative Einstellung hervorgerufen werden: Wir fühlen uns schlecht, weil wir eine Situation negativ deuten. Ein stark vereinfachtes Beispiel:

Wenn ich meinen Job verliere, kann ich entweder in Verzweiflung versinken oder beschließen, dass es Zeit für einen Neuanfang ist, und nach der nächsten Herausforderung suchen. Es geht also um die Frage, wie wir unabänderliche Ereignisse in unserem Leben für uns selbst interpretieren.

Ich finde zwar, dass das leichter gesagt als getan ist. Aber natürlich ist es wichtig, auch die positiven Aspekte an einer Trennung zu sehen. Hierzu dient die letzte Schreibübung. Denn die guten Dinge sind in der Regel so tief unter einem Berg von Schmerz vergraben, dass man sie schon bewusst hervorholen muss. Bitte nimm Dir also die Zeit und denke über Dein momentanes Leben nach: Was läuft gut, trotz allem? Kümmern Deine Freunde und Deine Familie sich besonders lieb um Dich, sind sie Dir nähergekommen? Arbeitest Du zur Ablenkung viel und bringst dadurch viel zustande? Aber auch Kleinigkeiten zählen. Vielleicht hast Du endlich mal wieder Dein Lieblingsessen gekocht, das Dein Expartner nicht leiden konnte, oder du bist erleichtert, dass die ewigen Streitereien endlich vorbei sind. Unter Umständen wirst Du ganz verwundert sein, wie viele positive Aspekte Deiner Trennung Dir einfallen! Besonders effektiv ist diese Übung, wenn Du Dir angewöhnst, sie in den kommenden Wochen jeden Abend vor dem Einschlafen zu machen: Was war heute gut? Wofür kann ich heute dankbar sein?

Für all diese Schreibübungen gilt: Sie sind schon während des Schreibens hilfreich. Aber auch danach möchte ich Dir empfehlen, die Blätter beziehungsweise Dokumente auf Deinem Rechner gut aufzubewahren. Du solltest sie regelmäßig lesen, so wirst Du Deine Erkenntnisse vertiefen.

♥

Wenn Du feststellst, dass Du trotz klarer Verhältnisse und Gesprächen mit Deinen Freunden dazu neigst, so viel über Deinen Liebeskummer nachzudenken, dass es für Dich belastend wird, dann wende Schreibübungen an. Sie helfen Dir dabei, neue Erkenntnisse zu sammeln und Deine Gedanken zu Ende zu bringen, so dass Du besser zur Ruhe kommst.

♥

9. Raus aus dem Kopf: Körperübungen gegen Liebeskummer

Wenn ich die Mundwinkel nach oben ziehe,
ist das ganz schlecht für meine Depression!
Charlie Brown / Die Peanuts

Als ich die einzelnen Themen und Fakten für das folgende Kapitel zusammengetragen habe, bin ich auf eine interessante Studie gestoßen, von der ich Dir gleich zu Beginn erzählen möchte:

Die Psychologieprofessorin Sabine Koch von der SRH-Hochschule Heidelberg hat sich in ihrer Habilitation mit der Frage beschäftigt, inwiefern bestimmte Körperbewegungen die Gefühlswelt von Menschen beeinflussen können. Während nämlich die Tatsache, dass sich Gefühle wie Trauer, Angst oder Glück auf unseren Körper auswirken, als selbstverständlich gilt, ist die entgegengesetzte Frage, ob der Körper ebenfalls in der Lage ist, unsere Emotionen (zumindest teilweise) zu steuern, noch relativ unerforscht. Um es mal plakativ auszudrücken: Kriege ich eigentlich automatisch bessere Laune, wenn ich die Mundwinkel nach oben ziehe und lächle, auch wenn es mir in Wahrheit gar nicht so gut geht?

Um das herauszufinden, hat Sabine Koch eine Studie entwickelt, in der sie mit depressiven Patienten gearbeitet hat. Diese seien typischerweise in ihren »vertikalen« Körperbewegungen besonders stark eingeschränkt: Menschen mit Depressionen laufen also nicht beschwingt und federnd durch ihren Tag (wie jemand, der gute Laune hat), sondern eher schleichend und gebeugt – was ein körperlicher Ausdruck ihrer gedämpften Stimmung ist.

Im Rahmen ihrer Studie bat Koch die Teilnehmer nun, wiederholt auf eine bestimmte Art und Weise zu tanzen, und zwar mit besonders ausgeprägten Bewegungen. Denn, so lautete stark vereinfacht ihre Hypothese: Indem man den körperlichen Ausdruck der Depression mit Auf- und-ab-Bewegungen durchbricht, ließen sich möglicherweise auch die negativen Emotionen reduzieren. Und tatsächlich, die Forschungsergebnisse gaben Koch recht. Durch den Hüpftanz wurden die emotionalen Symptome der Teilnehmer zumindest vorübergehend gelindert – ihre Stimmung besserte sich deutlich. Und nun kommt noch eine spannende Info hinzu: Während den depressiven Patienten die hüpfende Bewegung half, konnten Menschen mit Angststörungen ihre Symptomatik vor allem durch wiegende, beruhigende »Bewegungen von Seite zu Seite, am besten im Dreivierteltakt« mildern! Es geht also nicht um irgendeine, sondern tatsächlich um die »passende« Bewegung.

Wie man es (beziehungsweise sich!) also auch dreht und wendet, eins machen die Studien von Sabine Koch und vielen ihrer Kollegen klar: Es ist nicht nur so, dass Emotionen unseren Körper beeinflussen, sondern wir können auch mit unserem Körper unsere Gefühle beeinflussen. Und Du ahnst sicher schon, worauf ich hinauswill: Das trifft auch auf Liebeskummer zu.

Ich könnte wetten, dass Dich in der vergangenen Zeit einige, möglicherweise sogar fremde Leute angesprochen und Dich gefragt haben, ob es Dir »nicht so gut« geht. Und zwar ohne dass Du gerade geweint oder irgendein anderes ganz offensichtliches Zeichen Deiner Traurigkeit vor Dir hergetragen hättest. Warum ist das so? Nun, mit großer Wahrscheinlichkeit sieht man Dir Deinen Liebeskummer an.

Wenn ich zum Beispiel Lesungen habe, kommen in der Regel sowohl Zuhörer, die akuten Liebeskummer haben, als auch solche, die das Thema einfach aus Unterhaltungsgründen interessiert oder weil sie mich kennen. Da die Lesungen oft mit einem kurzen Empfang verbunden sind, habe ich ausreichend Zeit, die Körpersprache der einzelnen Besucher zu studieren. Und ich möchte behaupten: Ich erkenne sofort, wer zu welcher Gruppe gehört. Menschen mit Liebeskummer wirken in ihrer Körperhaltung oft ein bisschen geduckt, so als wären sie etwas kleiner, als sie eigentlich sind. Wenn sie lachen, bewegt sich zwar ihr Mund, aber ihre Augen leuchten nicht. Ihre Gesten sind oft langsamer als normalerweise, weil sie mit ihren Gedanken abwesend sind. Das sind die äußerlich erkennbaren Reaktionen des Körpers auf den Liebeskummer. In seinem Inneren spielt sich noch einiges mehr ab: Unruhe, Herzrasen, Spannung im Bauchraum (der sprichwörtliche »Kloß im Bauch«) oder das Gefühl, neben sich zu stehen, sich also nicht richtig zu spüren.

Besonders, wenn man schon länger oder akut an Liebeskummer leidet, ist es sinnvoll, ihm nicht nur auf der intellektuellen, sondern auch auf der körperlichen Ebene »zu Leibe« zu rücken. Liebeskummer ist in vielen Fällen irrational und spielt sich derart tief in unserem Inneren ab, dass noch so viel Nachdenken nicht zu Entspannung führt. Der Körper hingegen kann auf einem viel direkteren Weg Ruhe und Erleichterung bringen. Und das wiederum hat Einfluss auf unsere Gefühlswelt.

Je öfter Dein Körper sich entspannen kann, das wirst Du bald merken, und je öfter er sich wohl fühlt, umso besser ist die Basis für Deinen Weg aus dem Herzschmerz. Besonders für die Tage, an denen Du sehr aufgewühlt bist oder daran verzweifelst, dass vom Kopf her alles klar ist, es Dir aber trotzdem noch so schlecht geht, möchte ich Dir raten, einmal ganz weg vom Denken und hin zum Fühlen und Spüren zu gehen. Zu diesem Zweck habe ich Dir einige Körperübungen zusammengestellt, die sich meiner Erfahrung nach als besonders hilfreich erwiesen haben. Da ich von der Wirksamkeit der »Körperarbeit« fest überzeugt bin, werde ich sie außerdem um einige Ideen zum Weiterrecherchieren für Dich ergänzen – denn ansonsten sprenge ich an dieser Stelle den Rahmen.

Körperübungen, um zur Ruhe zu kommen

Wann solltest Du sie machen? Wann immer Du Dich innerlich sehr unruhig und aufgewühlt fühlst, wenn Du schlecht essen, trinken oder schlafen kannst, wenn Du nervös und rastlos bist. Aber auch als tägliches Ritual.

Wie häufig solltest Du sie machen? Wenn Du es schaffst, am besten täglich. Eine körperlich entspannte und ruhige Grundhaltung wird Dir den Liebeskummer um einiges erträglicher machen.

Übung 1: *Bewusstes Atmen.* Ist Dir schon einmal aufgefallen, wie viel der Atem eines Menschen über seinen Entspannungszustand aussagt? Wenn wir aufgeregt sind, atmen wir zum Beispiel meist in kurzen, schnellen Zügen – was sich bei einer Panikattacke bis zum Hyperventilieren steigern kann. Wer schläft, atmet hingegen in langen, ruhigen Zügen. Und wer sich erschrickt, setzt für ein paar Momente vielleicht ganz mit der Atmung aus.

Da der Grad der Entspannung also großen Einfluss auf unsere Atmung hat, können wir andersherum unseren Körper mit bewusstem Atmen regelrecht dazu zwingen, zur Ruhe zu kommen. Leg Dich für diese Übung bequem hin, am besten auf Dein Bett, das Sofa oder den Boden. Dann konzentriere Dich auf Deine Atmung: Atme vier Sekunden lang durch die Nase ein – nicht so tief, dass Dir schwindelig wird, sondern ganz normal. Halt den Atem sieben Sekunden lang und atme dann acht Sekunden lang durch den Mund aus. Beim ersten Mal wird es Dir gar nicht so leichtfallen, so langsam ein und aus zu atmen, aber das ist eine Frage der Übung. Zunächst kannst Du eine Uhr zu Hilfe nehmen, später wirst Du Deinen Rhythmus finden und sie nicht mehr brauchen. Mach diese Übung für einige Minuten, aber mindestens so lange, bis Du merkst, dass Dein Herzschlag ruhig wird und Dein Körper sich automatisch entspannt. Angenehm, oder?

Übung 2: *In den Bauch atmen.* Leg Dich auch hierfür bequem auf Dein Sofa, Dein Bett oder den Boden und stell die Füße auf. Dann schließ die Augen und konzentriere Dich erst mal nur darauf, Deine Atmung zu spüren: Wie fühlt sie sich an? Sind Deine natürlichen Atemzüge kurz, lang, gepresst oder entspannt? Und hebt sich beim Einatmen Dein Brustkorb oder Dein Bauch? Gerade Frauen atmen meistens nicht in den Bauch, sondern ziehen ihn beim Einatmen ein – dem Wunsch nach einer schlanken Taille sei Dank. Diese Atmung ist allerdings nicht entspannend, sondern steigert eher die Anspannung.

Leg nun eine oder beide Hände auf Deinen Bauch und konzentriere Dich darauf, in langen, ruhigen Atemzügen in den Bauch hinein zu atmen (durch die Nase ein, durch den Mund aus) – wobei es reicht, wenn sich Deine Bauchdecke nur wenige Millimeter hebt. Die Bauchatmung ermöglicht Deiner Lunge ein optimales Volumen, gleichzeitig wird das Zwerchfell nicht so stark beansprucht – Dein Körper entspannt sich automatisch. Behalte die Bauchatmung mindestens einige Minuten bei oder länger, wenn Du möchtest.

Körperübungen, um Dich besser zu fühlen (im doppelten Sinn!)

Wann solltest Du sie machen? Immer dann, wenn Du das Gefühl hast, neben Dir zu stehen, wenn Du aufgewühlt bist und in Deinem Kopf alles durcheinandergeht. Wenn Du Dich besser fühlen und Dich besser wahrnehmen möchtest.

Wie oft solltest Du sie machen? So oft Du möchtest und am besten jeden Tag.

Übung 1: *Dich erden.* Wie du inzwischen weißt, ist es unglaublich wichtig, dass Du trotz Deines Liebeskummers mit Deiner Konzentration bei Dir bleibst und sie nicht zu stark auf Deinen Expartner richtest. Eine der Körperübungen, die Dich dabei am besten unterstützen, ist das »sich erden«. Dafür stell Dich bitte locker, die Beine etwa schulterbreit auseinander, in einem ruhigen Raum hin (am besten machst Du diese Übung barfuß). Schließ die Augen und atme tief ein und aus (durch die Nase ein, durch den Mund aus). Konzentriere Dich ein, zwei Minuten auf Deine Art, zu stehen: Fühlen sich Deine Beine wackelig an, ruhen Deine Fußsohlen fest auf dem Boden?

Nun stell Dir beim Einatmen vor, wie die Luft durch Deinen ganzen Körper bis in die Beine, dann die Füße und schließlich den Boden strömt – so, als würdest Du Wurzeln schlagen. Dabei solltest Du leicht in die Knie gehen. Beim Ausatmen streck die Beine und spür den Kontakt zu Deinem Untergrund. Wiederhol das Ganze für etwa zehn bis zwanzig Atemzüge. Schon nach kurzer Zeit solltest Du merken, wie Dein Stand stabiler wird, Du ruhiger, geerdet und mehr bei Dir bist.

Übung 2: *Hand aufs Herz*. Die Übung solltest Du zunächst mit einer Atemübung zur Entspannung kombinieren (»Bewusstes Atmen« oder »In den Bauch atmen«). Je öfter Du sie machst, umso routinierter wirst Du werden, und dann kannst du sie auch einfach zwischendurch anwenden, wenn Du sie brauchst. Fang bei den ersten Malen mit dieser Übung an, wenn Du schon eine Weile bewusst geatmet hast und Dich ruhig fühlst. Nun leg Deine rechte Hand auf Deine linke Brustseite, auf Höhe Deines Herzens. Spür einige Minuten lang die Wärme, die Deine Hand abstrahlt, und wie sie sich für Dein Herz anfühlt. Empfindest Du bei dieser Geste Nähe und Schutz? Verändert sich Dein Herzschlag? Welche Gedanken kommen Dir in den Sinn? Stell Dir vor, wie Du mit Deiner Hand Dein eigenes Herz schützt und ihm Kraft und Geborgenheit gibst.

Körperübungen, um positive Emotionen herein- und negative Emotionen hinauszulassen

Wann solltest Du sie machen? Wenn Dein Selbstbewusstsein unter der Trennung von Deinem Expartner gelitten hat oder Du viel aufgestaute Wut im Bauch hast.

Wie oft solltest Du sie machen? Die erste Übung, so oft es geht! Die zweite, wann immer Du die Wut in Dir spürst.

Übung 1: *Dich anlächeln.* Wie oft am Tag schaust Du in den Spiegel, und was fällt Dir momentan dabei auf? Beim Zähneputzen, Haareföhnen, Kleidunganprobieren – wie sieht Dein Gesicht aus? Vermutlich traurig, müde, möglicherweise verweint. Es bestätigt, wie Du Dich fühlst, und was Du fühlst, wird bei jedem Blick in den Spiegel bestätigt. Das ist ein Kreislauf, den Du bewusst durchbrechen kannst: Ich möchte, dass Du Dich von jetzt an so oft es geht im Spiegel anlächelst – und zwar über das ganze Gesicht (zieh also nicht nur die Mundwinkel hoch, sondern lass auch die Augen lachen). Schau Dir in die Augen und lach Dich an! »Dafür gibt es aber gar keinen Grund«, wirst Du jetzt vielleicht denken. Dann kann ich nur sagen: O doch! Du bist auf der Welt. Und Du bist ein einzigartiger und ganz besonderer Mensch und der wichtigste in Deinem Leben! Das allein reicht schon aus, um fröhlich zu sein. Und selten brauchst Du diese Erkenntnis so dringend wie jetzt. Wenn es mit dem Lächeln gut klappt, geh also bitte noch einen Schritt weiter: Schau Dir in die Augen und sag laut zu Dir selbst: »Ich liebe mich«, »Ich bin für mich da«, »Ich schaffe das«

und was Dir sonst an liebevollen, aufbauenden Sätzen einfällt.

Falls das Lächeln für Dich schwierig ist, gibt es noch einen Trick: Nimm einen Bleistift oder einen ähnlichen Gegenstand zwischen Deine Zähne in den Mund – so dass Du zwangsläufig lächeln musst. Denn selbst dann, wenn die Bewegung nur erzwungen wird, das haben wiederum die Kollegen von Professor Sabine Koch herausgefunden, hat das Lächeln einen positiven Effekt auf Deine Stimmungslage (wenn Dich das näher interessiert, google mal nach »Embodiment«).

Übung 2: »*Kissen schlagen*«. Wut ist ein fürchterliches Gefühl, und falls Du sie gerade empfindest, wirst Du wissen: Sie bindet Dich genauso stark an einen Menschen wie die Liebe. Wenn wir wütend auf jemanden sind, weil wir uns zum Beispiel betrogen, belogen oder schlecht behandelt fühlen, denken wir die ganze Zeit an diese Ungerechtigkeit. Viele unserer Kunden sprechen von dem »Kloß im Hals« oder einer Ohnmacht, weil sie ihre Wut nicht loswerden können. Längerfristig wird es natürlich darum gehen, diese Gefühle loszulassen, aber das braucht Zeit. Zunächst ist es wichtig, dass Du ein Ventil findest, um die Anspannung abzubauen, die Du in Dir hast. Auch hierfür kannst Du Deinen Körper zu Hilfe nehmen:

Am einfachsten geht es, indem Du Deine Wut in eine passende Bewegung übersetzt. Nimm ein paar Kissen oder etwas anderes Weiches zur Hand (wenn Du Zugriff auf einen Boxsack hast: perfekt!), und schlag darauf ein, während Du die Gründe für Deine Wut laut aussprichst oder sie sogar hinausschreist. »Du hast mich belogen!«

also beispielsweise oder »So springt niemand mit mir um!« Ich weiß, dass das beim Lesen etwas seltsam klingt. Aber probier es mal aus! Wenn Du die Hürde, allein herumzuschreien und zu schlagen, einmal überwunden hast, wirst Du merken, wie der Druck in Deinem Bauch nachlässt. Außerdem kann es sein, dass Dir beim Boxen die Tränen kommen und noch weitere Gefühle wie Trauer oder Angst aus Dir herausbrechen. Das ist gut – lass es zu! Zwar ist empirisch noch immer nicht genau bewiesen, ob das Weinen einen reinigenden Effekt auf die Seele hat, aus der Praxis der Liebeskummer-Behandlung kann ich jedoch sagen: Wer sich einmal richtig ausweint, sortiert sich anschließend neu und fühlt sich in den allermeisten Fällen besser als vorher.

Neben den jetzt genannten Übungen, die Du mit Hilfe Deines Körpers gegen den Liebeskummer anwenden kannst, gibt es natürlich zahlreiche weitere Ansatzpunkte, die ich hier nur anreißen will. Entscheide selbst, ob Dich etwas davon neugierig macht und Du weiter recherchieren möchtest.

- **Meditation** (zum Beispiel als Kursangebot in Deiner Stadt) ist, wie schon an früherer Stelle erwähnt, eine gute Möglichkeit, um zur Ruhe zu kommen und Deine Aufmerksamkeit bei Dir zu halten. Sie kann auch als Basis für Achtsamkeitstraining und den bewussten Umgang mit Dir selbst und Deinen Bedürfnissen dienen.

- **Sport** in jeder Form ist ein hilfreiches und zum Glück leicht verfügbares Mittel gegen Liebeskummer. Er sorgt nicht nur für ein gutes Körpergefühl, sondern führt auch zur Ausschüttung von Glückshormonen und ist außerdem eine regelmäßige Beschäftigung, der Du in schwierigen Momenten wie etwa an den Abenden oder Wochenenden nachgehen kannst. Viele Menschen, die ich kenne, haben sich nach einer Trennung ein sportliches Ziel gesetzt wie einen Marathon oder eine lange Bergwanderung. Hier sind Deiner Phantasie keine Grenzen gesetzt. Vielleicht kommt auch ein Yoga-Kurs in Frage?

— **Entspannungsübungen** gibt es natürlich in zig verschiedenen Formen. Such bei Google nach Entspannungstechniken, besuch einen entsprechenden Kurs oder kauf Dir eine Audio-Anleitung (Traumreisen, Progressive Muskelentspannung nach Jacobson etc.).

— **Bonding, Klopfen, Hypnose:** Warum nicht auch mal ganz andere Wege gehen? Es gibt zahlreiche Methoden, die psychischen Problemen mit bestimmten Körpertechniken begegnen. Aus der chinesischen Medizin zum Beispiel kommt die »Klopftechnik«, beim Bonding geht es um Körperkontakt mit anderen Menschen, und auch Hypnose kann sehr wirksam gegen Liebeskummer sein, weil sie ressourcenstärkend ist. Grundsätzlich gilt: Wenn Du Lust hast, solche Techniken jetzt einmal auszuprobieren, dann tu es! In vielen Städten bieten Psychotherapeuten entsprechende Sitzungen oder Kurse an. Wichtig ist lediglich, dass Du auf die therapeutischen Qualifikationen der Anbieter achtest. Bitte schau dazu auch in die FAQ am Ende des Buchs.

Auch im Alltag kannst Du mit ein bisschen Sensibilität für die Bedürfnisse Deines Körpers zwischendurch einiges tun, um Dich in Deiner Haut wohler zu fühlen. Das geht mit einem Wannenbad los oder der Bitte an einen Dir nahestehenden Menschen, Dich einmal fest in den Arm zu nehmen. Und auch Sex kann natürlich ein Mittel gegen Liebeskummer sein. Dann nämlich, wenn Du mit ihm nicht automatisch tiefe emotionale Nähe oder Liebe verbindest, sondern er Dir auch auf rein körperlicher Ebene guttut. Trifft das auf dich zu? Hand aufs Herz: Hier solltest Du vollkommen ehrlich zu Dir sein. Manchmal erlebe ich, dass gerade Kundinnen sich einreden, Gefühle und Sex voneinander trennen zu können, und dann kurz nach einer Trennung mit einem neuen Mann schlafen. Tatsächlich passiert dann häufig der emotionale Super-GAU: Es geht ihnen noch schlechter als zuvor, wenn sie merken, dass es dem Mann wirklich nur um einen One-Night-Stand ging. Noch kritischer ist natürlich das Thema »Sex mit dem Ex« – dass er nicht unter die empfehlenswerten Ratschläge gegen Liebeskummer fällt, liegt auf der Hand.

♥

Nicht nur Deine Gefühle beeinflussen Deinen Körper, sondern auch Dein Körper hat Einfluss auf Deine Gefühlswelt. Das kannst Du Dir bei Liebeskummer zunutze machen, indem Du auf der körperlichen Ebene für Entspannung, positive Mimik und Gestik sowie den Abbau von Aggressionen und Anspannung sorgst.

♥

10. Bau Dir Gedächtnisstützen!

*Ich weiß, dass das Gedächtnis noch einmal so gut ist,
wenn ihm das Herz ein wenig nachhilft.*
Gotthold Ephraim Lessing

Nun hast Du bis zu diesem Punkt sehr viel über Liebeskummer gelesen und Dir sicherlich auch jenseits dieses Buches viele Gedanken über Deine Situation, Deinen Schmerz, Deine Trauer, aber auch Deine Zukunft und Deine Wünsche gemacht. Vielleicht hattest Du in Gesprächen mit anderen Menschen Aha-Momente, in denen Dir Dein Weg aus der Krise mit einem Mal ganz einfach erschien. Oder eine unerwartete Erkenntnis beim Sport, vor dem Schlafen, unter der Dusche. Wie häufig höre ich von Betroffenen den Satz: »In diesem einen Augenblick, da war mir plötzlich alles so klar!« Das Problem: Wir vergessen den Inhalt solcher Aha-Momente schnell wieder. Oder zumindest ist er nicht ausreichend präsent, wenn wir ihn eigentlich brauchen – dann nämlich, wenn wir drauf und dran sind, etwas zu tun, worüber wir uns später ärgern werden.

Aus diesem Grund möchte ich, dass Du Deinem Gedächtnis von nun an mit allem, was Du bis hierher gelernt hast, ein wenig unter die Arme greifst: Geh die vergangenen Kapitel noch einmal durch und trage all die Sätze, die Du Dir markiert hast, und all Deine Erkenntnisse schriftlich zusammen. Ergänze sie mit Schlüsselgedanken zu Deinem Liebeskummer, die Dir unabhängig von diesem Buch gekommen sind, mit Zitaten aus Deinen Schreibübungen und Ähnlichem. Diese gesammelten Werke sind es, die Du von jetzt an wirklich *immer* griffbereit haben solltest. Du kannst sie im Portemonnaie bei Dir tragen, oder Du richtest eine Notizliste auf Deinem Handy ein. Denn die »schwachen Augenblicke« kommen nicht nur dann, wenn man mit ihnen rechnet, sondern können ganz zufällig von einem bestimmten Song im Radio oder dem flüchtigen Geruch des Parfums des Expartners irgendwo auf der Straße ausgelöst werden. Die Psychologie spricht in diesem Zusammenhang von einem Trigger: einem Schlüsselreiz, der Erinnerungen an eine bestimmte Erfahrung in uns weckt und uns die damit verbundenen Emotionen quasi noch einmal durchleben lässt. Bei Liebeskummer kann das zum Beispiel bedeuten, dass einer Deiner Trigger Dich zunächst an einen besonders schönen, glücklichen oder intimen Moment Deiner Beziehung erinnert, diese Erinnerung in der nächsten Sekunde jedoch knallhart auf die Realität trifft. Und das tut fürchterlich weh – so sehr, dass es den Blick auf die vielen Dinge, die Du bis zu diesem Punkt herausgefunden und gelernt hast, vernebeln kann. Gerade für solche Augenblicke ist es also wichtig, dass Du eine Gedächtnisstütze parat hast. Hol sie heraus und lies sie in Ruhe durch, das wird Dir helfen, Dich zu fangen.

Ergänzend und vorbeugend kannst Du einzelne Gedanken auf separate Karten oder Zettel schreiben und sie um Dich herum verteilen: auf Deinem Nachttisch, im Badezimmer, im Auto – ähnlich, wie Du es früher vielleicht schon einmal gemacht hast, um für eine Prüfung zu lernen. Je öfter Du Dich mit bestimmten Fakten und Erkenntnissen konfrontierst, umso besser kannst Du sie verinnerlichen.

Bau Dir kleine Gedächtnisstützen in Form von Zetteln und Handylisten, die Dich an all die Gedanken erinnern, die Dir gegen Deinen Liebeskummer hilfreich erscheinen. Je öfter Du sie liest, umso tiefer verinnerlichst Du ihren Inhalt.

Zwischenfazit:
Zehn Maßnahmen und kein Zeitplan.

Wie gern wüsste ich, wie Du Dich jetzt fühlst und was Du denkst, nachdem Du die einzelnen Maßnahmen kennengelernt hast. Hast Du Lust bekommen, mit der Reparatur Deines Herzens zu beginnen, vielleicht sogar schon etwas Hoffnung geschöpft? In welchen Punkten kannst Du Dich gut wiederfinden, welche liegen Dir nicht so besonders oder verursachen bei Dir Unwohlsein oder ein Angstgefühl?

Die Herzreparatur

Zehn Maßnahmen, um Dein zerbrochenes Herz zu kitten:

1. Die ganze Wahrheit sagen (können).
2. Essen, trinken, schlafen.
3. Für klare Verhältnisse sorgen.
4. Schütz Dich vor »Social-Media-Masochismus«.
5. Tu jeden Tag etwas Gutes für Dich.
6. Rechtzeitig planen gegen Sonntagstief & Co.
7. »My home is my castle«: Mach Dein Zuhause zu Deinem Schutzraum.
8. Mach Schreibübungen gegen Liebeskummer.
9. Raus aus dem Kopf: Körperübungen gegen Liebeskummer.
10. Der letzte Schritt: Bau Dir Gedächtnisstützen!

Vermutlich ist Dir aufgefallen, dass mein Maßnahmenplan kaum Zeitvorgaben enthält im Sinne von »So und so lange musst Du Schritt eins, zwei oder drei durchziehen«. Das hat einen guten Grund. Ich weiß natürlich, wie populär solche Aussagen sind, aber ich halte sie im Zusammenhang mit Liebeskummer für fast unmöglich. Was ich hingegen sicher sagen kann: Wenn Du die zehn Maßnahmen von jetzt an umsetzt, wirst Du Deinen individuellen Heilungsprozess deutlich beschleunigen. Es wird Dir wesentlich schneller bessergehen!

Dein zerbrochenes Herz mit Dir gemeinsam zu kitten war aber nur der erste Teil meines Plans. Denn die Frage, die für mich – und sicher auch für Dich – außerdem im Raum steht, ist: (Wie) Können wir verhindern, dass Dir etwas Derartiges noch einmal passiert? Dass Du noch mal so schlimmen Liebeskummer bekommst? Ich sage: Das können wir, indem wir ein bisschen anders lieben. Was das genau bedeutet, darum wird es im folgenden Teil von »Goodbye Herzschmerz« gehen.

♥ Kapitel 6 ♥

**Neuen Liebeskummer verhindern:
Wie Du Dein Herz schützt**

»Sag mal, kannst Du überhaupt noch an die Liebe glauben?«, werde ich manchmal von Bekannten gefragt, wenn wir über meine Arbeit reden. »Bei den schlimmen Geschichten, die Du ständig zu hören bekommst, und dem ganzen Leid?« »Auf jeden Fall!«, sage ich dann. »Mehr denn je! Allerdings an eine etwas andere Art, zu lieben.«

Wenn man tagtäglich mit Menschen spricht, die am Telefon weinen, weil sie wegen ihres Liebeskummers so traurig und verzweifelt sind, tritt neben den Wunsch, Soforthilfe zu leisten, schon bald eine Frage: Ließe sich dieser ganze Kummer eigentlich im Vorfeld irgendwie vermeiden? Und wenn ja: Wie?

Oder kann man zumindest etwas tun, damit er schwächer ausfällt? Warum hat die eine Person schweren Liebeskummer und die andere in einer vergleichbaren Situation nicht? Warum ist Liebeskummer für manche Menschen existentiell bedrohlich, während er für andere nur ein vorübergehender Trauerzustand ist? Hat das wirklich damit zu tun, wie groß die Gefühle für den Expartner waren? Das würde bedeuten, dass jemand, der schnell über seinen Liebeskummer hinwegkommt, seinen Partner weniger geliebt hätte als jemand, der lange und stark am Herzschmerz leidet. Oder gibt es so etwas wie einen »Liebeskummer-Typ«? Menschen also, die ein erhöhtes Risiko dafür haben, besonders intensiv an Liebeskummer zu leiden? Inwieweit hätte Liebeskummer dann nicht nur mit den Umständen, sondern auch mit der Persönlichkeit eines Menschen, mit seinen Verhaltens- und Denkmustern zu tun?

Mit diesen Überlegungen im Kopf fing ich schon kurz nach der Gründung der *Liebeskümmerer* an, die vielen Frauen und Männer und die Dinge, die sie mir von sich erzählten, miteinander zu vergleichen. Nach und nach ist auf dieser Basis eine Theorie darüber entstanden, warum der eine Mensch an seinem Liebeskummer fast zerbricht und der andere nicht. Ich habe sie, zum Beispiel im Zusammenhang mit den Kugelmenschen, schon anklingen lassen, im Folgenden möchte ich sie detailliert beschreiben. Bevor ich das tue, aber noch ein paar grundsätzliche Worte.

Mit dem, was ich gleich ausführen werde, erfinde ich das Rad nicht neu. Der Kern meiner Beobachtungen aus der Praxis ist in anderen Zusammenhängen schon von vielen Autoren theoretisch beschrieben worden, wie ich bei der Recherche noch einmal voll Freude feststellen konnte – eine wunderbare zusätzliche Bestätigung! Allerdings hat bisher noch niemand diese Erkenntnisse explizit mit Liebeskummer in Verbindung gebracht. Ich habe nun also ein Bild und eine Sprache gewählt, die meiner Erfahrung nach für Menschen mit Liebeskummer besonders gut auf die eigene Situation übertragbar sind. Das bedeutet aber nicht, dass ich andere Herangehensweisen, besonders die aus der psychologischen Wissenschaft, auch nur ansatzweise in Frage stellen möchte. Vielmehr geht es mir darum, ein unglaublich komplexes Thema auf eine Weise darzustellen, die für Dich als Leserin oder Leser einprägsam und problemlos in Deinen momentanen Alltag zu übersetzen ist.

Die Quellen des Glücks

Meine Theorie lautet in knappen Worten: Liebeskummer trifft einen Menschen immer dann besonders schlimm, wenn Partnerschaft zuvor die Hauptquelle seines persönlichen Lebensglücks war bzw. ist. Oder drastischer gesagt: wenn Liebe und Partnerschaft vor einer Trennung *zu viel* Platz in seinem Herzen eingenommen haben.

Jeder von uns hat in seinem Herzen (das in meiner Theorie symbolisch für den Ort steht, an dem die meisten von uns ihre Gefühle lokalisieren) einen bestimmten *Raum für* und *Bedarf an* Lebensglück. Damit meine ich alle positiven Emotionen, die dazu führen, dass wir uns wohl und glücklich fühlen, die uns Kraft geben und das Leben lebenswert machen. Die Liebe gehört dazu, Geborgenheit, Freude, Spaß, Ausgelassenheit, Unbeschwertheit und vieles, vieles mehr. Solche positiven Emotionen können wir aus ganz verschiedenen Quellen beziehen: zuvorderst aus unserer Einstellung gegenüber uns selbst und dem Leben im Allgemeinen. Außerdem aus Beschäftigungen, denen wir nachgehen, Themen, die uns interessieren, Menschen, die uns umgeben, Überzeugungen, an die wir glauben.

Um ein konkretes Beispiel zu geben: Ein bestimmter Mensch könnte den wesentlichen Anteil seines Bedarfs an positiven Emotionen aus einer erfüllenden Arbeit, zwei leidenschaftlichen Hobbys, einer guten Beziehung zu seiner Familie, einer innigen Partnerschaft und einem großen Freundeskreis beziehen. Jedem dieser Aspekte käme dabei vielleicht eine andere Gewichtung zu, der Job hätte etwa eine größere Bedeutung als die Hobbys oder andersherum, manchmal würden sie sich auch abwechseln. Aber wenn man das Herz dieses Menschen insgesamt betrachten würde, wäre eines deutlich: Es verfügt über mindestens sechs »Quellen des Lebensglücks«.

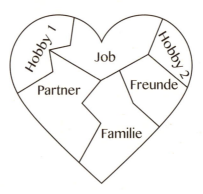

Was würde nun passieren, wenn diesem Menschen eine seiner Glücksquellen wegbrechen würde, weil er zum Beispiel seinen Job verlöre oder einem seiner Hobbys nicht mehr nachgehen könnte? Seinem Herzen würde ein Stück fehlen. Aber da die anderen Teile es zusammenhalten würden, würde es nicht *komplett* zerbrechen. Das Gleiche würde für diese Person gelten, wenn ihre Partnerschaft scheitert: Sie würde den Verlust spüren, schmerzhaft, natürlich. Aber es ginge ihr nicht ihr ganzes Lebensglück verloren, sondern eben nur ein Teil davon.

Wenn sich Frauen und Männer an mich wenden, die unter schwerem Liebeskummer leiden, dann bitte ich auch sie manchmal, ihr Herz mit seinen »Quellen des Glücks« zu zeichnen – den Status vor der Trennung, wohlgemerkt. Das erfordert einiges an Ehrlichkeit sich selbst gegenüber, aber nicht selten kommt etwas in dieser Art dabei heraus:

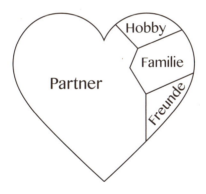

Über die Hälfte des Herzens besteht aus Partnerschaft. Dieser Mensch bezieht beziehungsweise bezog den Großteil der für ihn notwendigen positiven Emotionen also aus seiner Beziehung. Was passiert nun mit einem solchen Herzen, wenn die Partnerschaft scheitert? Natürlich: Es bleibt nur wenig davon übrig. Im schlimmsten Fall so wenig, dass das Herz komplett zerbricht.

Wer so seinen Schwerpunkt setzt, der lebt in zweierlei Hinsicht riskant: Zum einen wird er automatisch abhängig von seinem Partner, den er für sein Lebensglück so dringend braucht. Infolgedessen neigt er dazu, die eigenen Bedürfnisse denen des Partners unterzuordnen, Konflikten aus dem Weg zu gehen oder in einer ungesunden Beziehung (in der er beispielsweise respektlos behandelt wird) viel zu lange zu verharren – aus lauter Angst davor, allein zu sein. Leider scheitern gerade solche Partnerschaften besonders häufig. Zum anderen ist selbst eine gesunde Beziehung niemals gegen eine Trennung gefeit, und schwerer Liebeskummer ist auch in diesem Fall beinahe vorprogrammiert.

Nun soll das natürlich keinesfalls heißen: »Ist doch alles hausgemacht und ganz einfach, man muss nur ein bisschen umdenken, und schon ist das Problem gebannt.« Denn kaum einer der Menschen, die ich in den vergangenen Jahren kennenlernen durfte, hat sein Lebensglück bewusst oder gar absichtlich auf Partnerschaft fokussiert. Stattdessen hatte jeder von ihnen nachvollziehbare Gründe, es zu tun. Der häufigste Grund war ein Mangel an Liebe zu sich selbst – denn wer sich selbst nicht mag, findet schwer Zugang zu seinen Quellen des Glücks, wie wir später noch genauer sehen werden. Andere Menschen hatten ihre Quellen des Glücks zwar eigentlich gefunden, sie dann im Laufe einer sehr langen oder sehr komplizierten Beziehung aber aus den Augen verloren. Viele weitere hatten schlichtweg Angst, Verantwortung für ihr eigenes

Leben zu tragen. Gerade bei reiferen Frauen war es zudem eine Erziehungsfrage – das klassische Rollenbild verlangt von der Ehefrau, dass ihre »Bestimmung« in der Familiengründung liegt.

Im folgenden Teil von »Goodbye Herzschmerz« möchte ich mit Dir gemeinsam herausfinden, ob auch Du Dein Lebensglück sehr stark von Partnerschaften oder Liebesbeziehungen abhängig machst, und falls ja, warum. Ich werde Dir mit Hilfe der von mir entwickelten Methode, die ich die »Glücksherz-Methode®« nenne, Wege aufzeigen, wie Du weitere Quellen des Glücks anzapfen kannst, um Dein Herz für die Zukunft stabiler zu machen – sofern Du das möchtest! Denn, auch das zu sagen ist mir sehr wichtig: Meine Theorie ist keine Kritik. Ich will nicht bewerten, wie richtig oder falsch, wie wertvoll oder wertlos es ist, sein Lebensglück an Paarbeziehungen zu knüpfen. Die einzige Sache, um die es mir hier geht, ist, Dich vor *schwerem Liebeskummer* zu schützen. Und nur in Bezug darauf habe ich erkannt, dass es sinnvoll ist, sich nicht zu sehr auf Partnerschaft zu fokussieren.

Wenn meine Theorie Dich überzeugt und Du anschließend an Deinem »Glücks-Mix« etwas ändern willst, auch das sei explizit gesagt, kann ich Dir natürlich trotzdem nicht versprechen, dass Du überhaupt nie wieder Liebeskummer haben wirst – und ich will es auch gar nicht. Denn wenn man Liebeskummer komplett vermeiden wollte, müsste man aufhören, zu lieben. Und das rate ich Dir ganz sicher nicht! Was ich Dir aber versprechen kann, ist, dass Dein Liebeskummer Dich nie wieder existentiell bedrohen oder vollkommen perspektivlos stimmen wird. Du wirst trauern, aber nicht am Boden zerstört sein und schnell neue Hoffnung schöpfen. Du wirst in Deiner nächsten Beziehung außerdem viel freier sein, weil der Gedanke an eine Trennung keine Panik mehr in Dir auslösen wird. Ich würde mich sehr freuen, wenn das für Dich eine verlockende Perspektive wäre. Denn quasi nebenbei machen wir Deinen Liebeskummer jetzt zu Deiner großen Chance auf eine ganz neue Art von Lebensglück.

Noch ein Gedanke für Dich

Was hier auch noch kurz erwähnt sei, auch wenn Du es Dir sicher ohnehin schon denkst: Manche Menschen sind auf andere Weise einseitig. Sie ziehen zum Beispiel all ihr Glück aus dem Job, aus einem Sport oder dem Elternsein – das ist natürlich genauso riskant, wie sich nur auf eine Beziehung zu fokussieren! Außerdem führt es unter Umständen dazu, dass diese Menschen sich gar nicht mehr richtig auf eine Partnerschaft einlassen können, was, wie ich finde, sehr traurig ist.

Was ist überhaupt Glück?

Den Entwurf des Buch-Covers von »Goodbye Herzschmerz« bekam ich vom Ullstein Verlag, schon während ich die ersten Kapitel schrieb. Als ich ihn meiner Mutter zeigte, stutzte sie. »Eine Anleitung zum Wieder-Glücklichsein?«, zitierte sie den Untertitel. »Das ist aber ein gewagtes Ziel, oder? Glück, das sind doch nur Momentaufnahmen im Leben, kein Mensch kann auf Dauer glücklich sein.« Ein berechtigter Einwand – der mir vor Augen führte, wie wichtig es ist, dass ich hier ein paar Worte zu meinem Verständnis von Glück sage.

Ich glaube, es gibt zwei verschiedene Arten von Glück: Die erste ist das punktuelle, intensive, aber flüchtige Glück, das meine Mutter meinte. Es erfüllt uns in einzelnen Lebenssituationen, überkommt uns regelrecht, ist aber zeitlich begrenzt. Manchmal ist es nur ein Augenblick von wenigen Sekunden, manchmal hält es über Stunden an. Wenn wir diesen Zustand in Worte fassen wollen, dann sprechen wir von »vollkommenem Glück«, »überschäumendem Glück« oder einem »Glücksrausch«. Es ist ein Hochgefühl, das sich deutlich von unserem Normalzustand abhebt, der Höhepunkt auf unserer persönlichen Glücks-Skala sozusagen: Im Zusammenhang mit Liebe und Partnerschaft könnte das ein erster Kuss sein, die erste gemeinsame Nacht, die Hochzeitsfeier, die Geburt eines Kindes und viele schöne Dinge mehr.

Die zweite Art von Glück ist das, was ich im Titel als »Glücklichsein« bezeichnet habe. Dabei handelt es sich nicht um etwas Punktuelles, sondern um einen anhaltenden Zustand, ein Gefühl des Mit-sich-und-seinem-Leben-grundsätzlich-sehr-zufrieden-und-einverstanden-Seins. Maike van den Boom, die im Frühjahr 2015 ein wunderbares Buch mit dem Titel »Wo geht's denn hier zum Glück?« veröffentlicht hat, beschreibt es so: »Das Glück, das an Ihre Persönlichkeit andockt und dann unablöslich zum Teil Ihrer selbst wird.« Dieses Glücklichsein schließt nicht aus, dass man auch mal traurige Momente hat oder sich über etwas Sorgen macht – aber man kommt immer schnell wieder auf die Beine, weil man sich in seinem eigenen Leben grundsätzlich wohl und aufgehoben fühlt. Glückliche Menschen, zu diesem Fazit kommt auch die Diplom-Psychologin und Vorsitzende des Deutschen Verbands für Positive Psychologie, Daniela Blickhan, »erfahren ebenso Stress, Krisen und Tragödien wie andere Menschen, doch sie gehen konstruktiver mit diesen Herausforderungen um«. Im Fachjargon würde man sagen: Diese Menschen besitzen eine besonders hohe *Resilienz*, also psychische Widerstandsfähigkeit.

Wenn »Goodbye Herzschmerz« verspricht, eine Anleitung zum »Wieder-Glücklichsein« zu sein, dann meine ich damit in erster Linie, dass ich Dich dabei unterstützen möchte, Deinen Weg zu einem Zustand zu finden, in dem Du mit Dir und Deinem Leben zufrieden bist. Einem Zustand, in dem Du emotional stabil bist und der Dich damit – zum Beispiel – vor schwerem Liebeskummer schützt.

Viele Wege führen zum Glück – zum Glück!

Falls Du Dich schon einmal mit Literatur zum Thema Glück beschäftigt hast, weißt Du sicher, wie viele unterschiedliche Ansätze und Theorien es dazu gibt. Mal ist die Rede von den »Drei Säulen des Glücks«, mal von den »Fünf Säulen des Glücks« oder den »Sieben Säulen des Glücks« – und diese Säulen sind nur ein anderes Bild für meine »Quellen des Glücks«. In manchen Büchern geht es um Tapferkeit, Gerechtigkeit, Klugheit, Maß, Glauben, Liebe und Hoffnung, in anderen um Gesundheit, Partnerschaft und Beruf oder um Achtsamkeit, Dankbarkeit und Leidenschaft – um nur ein paar Beispiele zu nennen. Einmal werden also Lebenseinstellungen, Gefühle und Charaktereigenschaften beschrieben, dann wieder konkrete Lebensbereiche. Dass auch ich mich mit Letzteren beschäftige, hat damit zu tun, dass sie meiner Erfahrung nach für den Großteil der *Liebeskümmerer*-Kunden greifbarer sind. Sicher kannst auch Du spontan mehr damit anfangen, wenn ich Dir sage: »Du brauchst viele liebe Freunde«, »Du brauchst einen erfüllenden Beruf« oder »Du brauchst ein Hobby, für das Du brennst«, als wenn ich sage: »Versuch, positiv zu denken« oder »Entscheide bewusst, glücklich zu sein«. Nichtsdestotrotz ist Deine Lebenseinstellung die Basis von allem – sie ist es sozusagen, die die einzelnen Quellen des Glücks in Deinem Herzen erst richtig durchblutet. Dementsprechend werde ich Dich auch darauf hinweisen, wie Du über »Goodbye Herzschmerz« hinaus weiterlesen und mehr zu den Themen Selbstliebe, Wohlbefinden oder Selbstbewusstsein erfahren kannst. Viele Wege führen zum Glück. Und sie schließen einander nicht aus!

♥ Kapitel 7 ♥
Die drei Typen des Liebeskummers

In den ersten Tagen oder auch Wochen des Liebeskummers kommt es fast jedem Menschen so vor, als wäre Partnerschaft beziehungsweise der konkrete Partner die wichtigste und damit unverzichtbare Quelle des eigenen Lebensglücks: »Ohne ihn oder sie werde ich nie wieder glücklich sein!« Es ist die Ohnmacht, die da aus uns spricht. Sie sagt im Grunde aber noch nicht viel darüber aus, wie unser persönlicher Glücks-Mix tatsächlich aufgestellt ist. Erst, wenn die ersten vier bis sechs Wochen ins Land gegangen sind und etwas Ruhe einkehrt, lassen sich die verschiedenen »Liebeskummer-Typen« erkennen. Ich unterscheide drei von ihnen:

Typ 1: Menschen, die zum ersten Typ gehören, besaßen während ihrer Beziehung eigentlich dauerhaft einen ausgewogenen, facettenreichen Glücks-Mix: Sie hatten neben der Partnerschaft einen Job, dem sie mit Leidenschaft nachgingen, enge Freunde, erfüllende Hobbys. Sie leiden im ersten Schrecken nach der Trennung, besinnen sich aber sehr schnell auf die anderen Teile ihres Herzens. Dadurch neigen sie nicht zu tiefer Verzweiflung, wenngleich auch sie natürlich trauern. Aber es geht ihnen am schnellsten wieder gut.

Typ 2: Menschen des zweiten Typs besaßen vor ihrer Beziehung zwar einen umfangreichen Glücks-Mix, haben ihn dann aber zugunsten der Partnerschaft umverteilt: Während die übrigen Teile in den Hintergrund rückten, hat die Partnerschaft immer mehr Raum eingenommen. Das passiert am häufigsten in langen oder in komplizierten Beziehungen. Nach zwanzig oder dreißig Jahren Ehe haben viele Paare zum Beispiel nur noch einen gemeinsamen Freundeskreis, die Frauen haben ihre beruflichen Ambitionen vielfach zugunsten der Familiengründung zurückgestellt, den Hobbys gingen die Partner gemeinsam nach. Unmittelbar nach der Trennung und auch in den ersten Monaten ist einiges an Aufarbeitung nötig, um die vernachlässigten Teile des eigenen Glücks-Mixes wiederzufinden und zu reaktivieren – aber schließlich funktioniert es. Man nimmt längst verschollene Freizeitaktivitäten wieder auf, knüpft an die alte Ausbildung an, kontaktiert Freunde von früher. Über diesen Typ sagen Bekannte oder Freunde dann manchmal, er »werde wieder ganz der/die Alte« oder »blühe richtig auf«.

Typ 3: Der dritte Typ sind die Frauen und Männer, die schon immer sehr auf Partnerschaft gebaut haben: Eine Beziehung ist für sie die Hauptquelle des eigenen Lebensglücks. Beruf, Hobbys, Freunde sind vor allem in den Phasen zwischen zwei Partnerschaften wichtig, werden aber mehr als notwendiger Zeitvertreib empfunden denn als gleichwertige Möglichkeit, positive Emotionen zu tanken. Diese Menschen sind es, die besonders lange und schwer an Liebeskummer leiden und ihn häufig erst dann (zumindest scheinbar) loswerden, wenn ein neuer Partner auftaucht. Von den drei Typen leiden sie nach einer Trennung am meisten – haben gleichzeitig aber auch das allergrößte Potential, an ihrem Liebeskummer zu wachsen. Nämlich, indem sie sich endlich auf die Suche nach ihren weiteren Quellen des Glücks begeben.

Vermutlich hast Du bereits ein ungefähres Bauchgefühl, zu welcher der drei Kategorien Du am ehesten gehörst. Im folgenden Abschnitt möchte ich Dir anhand von einigen Fragen helfen, Dich noch besser einzuschätzen. Hand aufs Herz: Sei ehrlich zu Dir, und vor allem urteile nicht über Dich selbst! Keiner der drei Typen ist wertvoller oder besser als die anderen, sondern jeder hat Gründe, auf die eine oder andere Weise zu fühlen und zu denken.

Welcher Liebeskummer-Typ bist Du?

Oberflächlich betrachtet kann man schnell mal sagen: »Logisch, ich bin ein interessierter und vielseitiger Mensch, ich habe ganz viele Quellen des Glücks!« – aber der Knackpunkt ist: Es geht nicht darum, was Du den ganzen Tag lang treibst, wie viel Du unterwegs bist und so weiter. Die entscheidende Frage lautet: Wie viele Beschäftigungen, Beziehungen und Themen hast Du, bei denen Du wirklich *mit dem Herzen* dabei bist? Um das herauszufinden, habe ich die folgenden Fragen für Dich zusammengestellt:

1. Hast Du einen Job, der Spaß macht und dem Du nicht nur zum Geldverdienen nachgehst – freust Du Dich also jeden Morgen auf Deine Arbeit?
☐ ja ☐ nein

2. Hast Du Hobbys, die Du mit Leidenschaft und auch einer gewissen Zielstrebigkeit verfolgst, auf die Du schwer verzichten kannst?
☐ ja ☐ nein

3. Übst Du regelmäßig allein (das heißt zumindest ohne einen Lebenspartner) Aktivitäten aus, bei denen Du die Zeit vergisst?
☐ ja ☐ nein

4. Kannst Du Deine Wochenenden und andere Freizeit gut allein verbringen?
☐ ja ☐ nein

5. Gibt es neben Deinem Partner Menschen in Deinem Leben, denen Du Dich mit all Deinen Sorgen und Gedanken anvertrauen kannst, von denen Du Dich angenommen fühlst und die Dir (partnerähnlich) nahestehen?
☐ ja ☐ nein

6. Würde es Dir Spaß machen, eine Woche ganz allein in den Urlaub zu fahren?
☐ ja ☐ nein

7. Hast Du neben Deiner Partnerschaft einen (unabhängigen) Freundeskreis gepflegt?

☐ ja ☐ nein

8. Hast Du in Deiner Beziehung regelmäßig Zeit bewusst auch ohne Deinen Partner verbracht (also auf Deinen Wunsch hin und nicht nur, weil Dein Partner nicht da war)?

☐ ja ☐ nein

9. Warst Du vor Deiner Partnerschaft ein »glücklicher Single« oder eigentlich immer irgendwie auf der Suche?

☐ ja ☐ nein

10. Ist Dein Freundeskreis, den Du vor der Partnerschaft hattest, im Laufe Deiner Beziehung stabil geblieben (zumindest in Bezug auf gute, enge Freunde)?

☐ ja ☐ nein

11. Hast Du während Deiner Partnerschaft darauf geachtet, Verabredungen mit Deinen Freunden zuverlässig einzuhalten (anstatt sie manchmal zugunsten gemeinsamer Zeit als Paar abzusagen)?

☐ ja ☐ nein

12. Warst Du in Deinem Erwachsenenleben schon einmal längere Zeit ohne Partner (länger als ein Jahr)?

☐ ja ☐ nein

13. Erlebst Du Momente des Glücks und der Freude häufig auch in Situationen, die nichts mit Partnerschaft zu tun haben?

☐ ja ☐ nein

14. Hast Du seit Deiner Trennung bisher darauf verzichtet, Dich bei einer Dating-Börse anzumelden beziehungsweise auf andere Art und Weise Ausschau nach einem neuen Partner zu halten?

☐ ja ☐ nein

Wie viele dieser Fragen kannst Du mit Ja beantworten? Ich möchte Dir jetzt keine klassische »Psycho-Test«-Auflösung liefern, weil es sich eben nicht um einen psychologischen Test, sondern um Anhaltspunkte aus der Praxis handelt. Aber:

Je mehr Fragen Du mit einem eindeutigen Ja (und nicht mit einem »Jein«!) beantworten kannst, umso größer die Wahrscheinlichkeit, dass Du zu den Liebeskummer-Typen 1 oder 2 gehörst: Du verfügst grundsätzlich über mehrere ergiebige Quellen des Glücks – das ist wunderbar! Da Dein Liebeskummer Dich dennoch zumindest so sehr verzweifeln lässt, dass Du dieses Buch liest, liegt die Vermutung nahe, dass Du sie momentan nicht richtig nutzen kannst. Bitte schaue Dir deswegen besonders die ersten fünf Fragen noch einmal an: Wie würdest Du sie beantworten, wenn es um die Zeit *vor* Deiner Partnerschaft ginge, also »Hattest du vor Deiner Beziehung Hobbys, die Du mit Leidenschaft verfolgt hast?« Wenn Du mindestens vier der fünf ersten Fragen auf diese Weise mit Ja beantworten kannst, bist Du ziemlich sicher mindestens ein Mensch vom Typ 2.

Was aber nun, wenn Du von allen 13 Fragen nur wenige, vielleicht fünf oder sechs, mit Ja beantworten kannst und auch beim wiederholten Betrachten der ersten fünf Fragen meist bei einem Nein bleiben musst? Das könnte darauf hindeuten, dass Du ein Typ 3 bist und Dein persönliches Lebensglück bisher sehr stark auf Partnerschaften gegründet hast: Ohne einen Partner an Deiner Seite fühlst Du Dich möglicherweise unvollkommen oder zumindest nicht richtig glücklich. Die Phasen zwischen den Partnerschaften sind für Dich eher unangenehme Zeiten. Das bedeutet ausdrücklich nicht, dass Du in Beziehungen automatisch klammerst, Deinen Partner einengst oder Dich im Alltag unselbständig verhältst – von außen betrachtet kann es sogar vollkommen anders sein (vielleicht bist Du sogar eine taffe Karrierefrau). Aber tief in Dir drin macht Dich eben nur eine Paarbeziehung richtig glücklich.

Im nächsten Teil des Buches wird es nun darum gehen, wie Du als Typ 2 oder Typ 3 mit Hilfe der Glücksherz-Methode Deine persönlichen Glücksquellen (wieder-)entdecken und sie Dir in Deiner nächsten Partnerschaft bewahren kannst.

Sofern Du ein Mensch vom Typ 1 bist, muss ich Dich an dieser Stelle leider mit einem lieben Lächeln enttäuschen: Für Dich gibt es kein ausführlicheres Kapitel mehr – weil ich mir sicher bin, dass Du auch ohne weitere Erläuterungen gut aufgestellt bist. Pflege Deine Quellen des Glücks, erfreue Dich an ihnen. Du hast bereits alles getan, was Du tun kannst, um dem Liebeskummer vorzubeugen. Wenn Du die zehn Maßnahmen aus dem ersten Teil von »Goodbye Herzschmerz« umsetzt, wirst Du ziemlich sicher bald wieder auf die Beine kommen.

Typ 2: Wie Du Dein Herz stabilisierst

Das gute Leben ist ein Prozess, kein Zustand.
Carl Rogers

Wenn Du für Dich herausgefunden hast, dass Du in Sachen Glücks-Mix am ehesten Typ 2, der »Vergessens-Typ« bist, dann möchte ich mit Dir nun weiter ins Detail gehen. Das machen wir, indem Du zunächst Dein Herz mit seinen Quellen des Glücks zeichnest – und zwar in zwei Versionen: einer aus der Zeit Deiner Partnerschaft und einer aus der Zeit davor. Für das Erstellen beider Bilder werde ich Dir gleich konkrete Anhaltspunkte geben, damit Du Deine Gedanken sortieren kannst. Am Ende wirst Du die beiden Skizzen Deines »Glücksherzens« nebeneinanderlegen und auf diese Weise deutlich erkennen, an welchen Stellen Du nun ansetzen kannst. Anschließend möchte ich Dir noch einige Tipps geben, wie Du Dir Deine eigenen Quellen des Glücks in Zukunft auch während einer Partnerschaft besser bewahrst.

Damit Du siehst, dass Du mit Deinem Problem nicht allein bist, habe ich erst mal aber noch ein paar Eindrücke aus der Praxis. Katrin und Peter sind zwei Menschen, die mir (unabhängig voneinander) begegnet sind, und sie stehen nur beispielhaft für viele andere. Katrin war Anfang 50, als sie sich im Sommer 2013 an uns wendete, nachdem die Ehe mit ihrem Mann nach über 20 Jahren in die Brüche gegangen war. In unserem ersten E-Mail-Wechsel schrieb sie mir: »Er ist jetzt seit vier Wochen weg, und noch immer sitze ich die meiste Zeit des Tages einfach nur rum. Die Stunden schleichen dahin, es ist kaum auszuhalten. Plötzlich ist niemand mehr da, für den ich morgens aufstehen muss, um Frühstück zu machen, das Einkaufen und Kochen für den Abend fällt auch aus. All die Dinge, die wir sonst zusammen gemacht haben, Tennis, Kino, Ausflüge, lauter Rituale und Angewohnheiten, fallen flach. Das klingt schlimm, aber ich weiß mit mir allein einfach nichts mehr anzufangen – Single war ich das letzte Mal vor über zwanzig Jahren! Bei unseren gemeinsamen Freunden habe ich vielfach das Gefühl, dass sie nicht wissen, zu wem sie jetzt halten sollen. Wir telefonieren zwar, aber kaum jemand fragt mich, ob wir uns treffen wollen.« Katrins Kinder waren zu diesem Zeitpunkt seit einem Jahr aus dem Haus – eine besonders trennungsanfällige Phase übrigens, in der es vielen Paaren schwerfällt, vom Elternsein zum Paarsein zurückzufinden. Gemeinsam rollten wir Katrins Lebens- und Beziehungsgeschichte auf, und es wurde schnell klar: Als sie mit Anfang 30 ihren Mann kennenlernte, hatte sie eigentlich mitten im Leben gestanden, war berufstätig gewesen, hatte einen großen Freundeskreis. Kurz nach der Hochzeit zog das Paar allerdings von der Nordseeküste ganz in den Süden Deutschlands, wo ihr Mann, der deutlich besser verdiente, einen guten Job bekam – auf diese Weise konnte er sie beide ernähren, und bald kamen die zwei Wunschkinder zur Welt. Katrin war nach wie vor glücklich, automatisch aber sehr auf ihren Mann und die Kinder fokussiert. Ihren alten Freundeskreis hatte sie in der Heimat zurückgelassen, den Job aufgegeben. Da sie beide in München zunächst niemanden kannten, begannen Katrin und ihr Mann die meisten Hobbys zusammen und bauten einen neuen, gemeinsamen Freundeskreis auf. Zu vielen Freundinnen von früher verlor Katrin auf die Distanz den Kontakt. Eigentlich kein ungewöhnlicher Lebenslauf, oder?

Peter, den ich im Winter 2014 kennenlernte, war seiner Frau Daniela mit Anfang 40 begegnet, als er sich gerade in einer schwierigen Lebensphase befand – er hatte seinen Job als Architekt verloren. Daniela und die Verliebtheit gaben ihm Halt, sie wurde nach nur drei Monaten Beziehung schwanger. Peter freute sich wahnsinnig über diesen neuen Lichtblick und ging in seiner Rolle als Familienvater und Ehemann voll auf. »Ich hatte damals das Gefühl, meine Tochter und meine glückliche Beziehung wären eigentlich das Einzige, worauf ich in meinem Leben richtig stolz sein konnte«, sagte er mir. Da Daniela aus einer wohlhabenden Familie stammte und sich das Paar um Geld kaum Sorgen zu machen brauchte, stellte Peter seine Karriereambitionen dauerhaft hinten an. Er nahm eine Halbtagsstelle an, für die er komplett überqualifiziert war, und konzentrierte sich auf sein Privatleben. Dadurch, dass die erste Phase der Verliebtheit quasi mit der Elternschaft zusammenfiel, zogen sich Daniela und er von

Freunden sehr zurück und verbrachten auch in den späteren Jahren ihre Freizeit größtenteils zusammen. Kurz vor Peters 50. Geburtstag traf Daniela dann durch Zufall auf eine Jugendliebe, alte Gefühle blühten wieder auf. Schließlich trennte sie sich von Peter, zog mit der gemeinsamen Tochter in eine andere Stadt. »Es fühlt sich an, als hätte mir jemand den Boden unter den Füßen weggerissen«, beschrieb Peter seine Situation. »Die letzten acht Jahre habe ich für meine Frau und meine Tochter gelebt – die beiden sind mein Leben! Was soll ich jetzt nur tun?« Anstatt sich damals seiner Jobkrise zu stellen, hatte Peter Zuflucht in seiner Beziehung gesucht und dadurch eine wichtige Quelle seines Glücks versiegen lassen.

Sowohl Peters als auch Katrins Handeln ist nachvollziehbar, findest Du nicht? Gerade, wenn man verliebt ist, zusammen einen neuen Lebensabschnitt beginnt, eine Familie gründet oder den Partner in einem Moment kennenlernt, in dem man in einem anderen Lebensbereich eine große Enttäuschung erlebt hat, kann es schnell passieren, dass die Beziehung zum Hauptanker des eigenen Glücks wird. Wer das verhindern will, muss bewusst gegensteuern und aktiv etwas dafür tun.

Bitte zeichne jetzt als Erstes Dein Herz mit seinen Quellen des Glücks zum letzten Zeitpunkt in Deiner Partnerschaft, als noch alles in Ordnung war. Der Raum, den Du einer einzelnen Quelle gibst, entspricht der Bedeutung, die sie für Dich hatte. Als Quellen des Glücks kommen alle Aktivitäten, zwischenmenschlichen Beziehungen (Partner/Freunde/Familie) und Themen in Frage, aus denen Du positive Emotionen bezogen hast. Schau Dir zur

Unterstützung auch die Fragen auf den Seiten 159 bis 161 noch einmal an. Entscheidend ist bei dieser Übung vor allem, dass Du nur die Aktivitäten, Beziehungen und Themen in Dein Herz zeichnest, die Dir wirklich gute Gefühle gebracht haben – und nicht solche, von denen man das, oberflächlich betrachtet, annehmen würde. Dein subjektives Empfinden ist der Maßstab! Du könntest beispielsweise Sport als eine Deiner Quellen des Glücks benennen, weil Du ihn zweimal in der Woche nur für Dich gemacht hast und weil Sport natürlich gut für die Gesundheit ist. Das wäre allerdings eine rationale Überlegung. Wenn Du Dich nämlich zweimal in der Woche zum Sport gequält hast, obwohl Du ihn eigentlich gar nicht magst – dann zählt er in der bisherigen Form eher nicht zu Deinen Quellen des Glücks.

Nachdem Du Dein Herz gezeichnet hast, schau es Dir bitte an und überlege, wie viele Deiner Quellen des Glücks Du mit dem Zerbrechen Deiner Beziehung verloren hast. Wie viele von ihnen hatten also direkt oder indirekt (bei gemeinsamen Hobbys, Freizeitaktivitäten) mit Deinem Expartner zu tun oder waren von ihm abhängig? Kannst Du mit Hilfe der Zeichnung besser verstehen, warum der Liebeskummer Dich so hart getroffen hat?

Als Nächstes möchte ich Dich bitten, das gleiche Bild noch einmal anzufertigen, allerdings für einen Zeitpunkt vor Deiner Partnerschaft, zu dem Du Single und sehr zufrieden mit Deinem Leben warst. Falls dieser Zustand viele Jahre zurückliegt, könntest Du Freunde fragen, wie sie Dich damals erlebt haben, in welchen Situationen und bei welchen Beschäftigungen Du auf sie besonders glücklich gewirkt hast. Hilfreich kann außerdem sein, Dir alte Fotos anzuschauen, Tagebücher zu lesen, einfach ein wenig in Deiner Vergangenheit zu stöbern. Vielleicht spielst Du in Gedanken auch mal den ein oder anderen Tagesablauf aus jener Zeit durch.

Wenn Du fertig bist, leg bitte beide Glücksherzen nebeneinander und vergleiche sie. Wie ausgewogen sind die einzelnen Glücksquellen jeweils verteilt? Gibt es auf dem zweiten Bild (vor der Partnerschaft) Themen, Beziehungen und Aktivitäten, nach denen Du Dich schlagartig sehnst und die Du zugunsten Deiner Partnerschaft zurückgefahren hattest? Welche Deiner alten Quellen des Glücks könntest Du wiederbeleben, welche eher nicht? Es geht nicht darum, dass Du wieder der Mensch werden sollst, der Du vor Deiner Partnerschaft warst. Vielmehr soll der Blick auf Deine alten Quellen des Glücks Dir konkrete Anhaltspunkte zur Orientierung liefern. Du kannst die alten Quellen aber auch aktualisieren, ergänzen oder verwerfen. Welche von ihnen hast Du während Deiner Partnerschaft zum Beispiel insgeheim vermisst oder die ganze Zeit im Hinterkopf gehabt? Das könnten Dein Beruf, ein bestimmtes Hobby oder eine Gruppe von Menschen sein.

Um Dich in Zukunft vor schwerem Liebeskummer zu schützen, sollte Dein Ziel nun sein, Deinen Glücks-Mix wieder in ein ausgewogenes Verhältnis zu bringen, so dass Dein Herz aus mehreren ähnlich starken Teilen besteht. Investiere Zeit und Energie in all die alten Quellen, die dafür in Frage kommen, und mach Dich außerdem auf die Suche nach neuen Quellen des Glücks (als Inspiration dafür kannst Du das nächste Kapitel zum *Noch-nicht-gefunden-Typ* lesen). Du bist in der wunderbaren Lage, dass Du Dich eigentlich für viele Dinge interessierst, Dich für Themen und Aktivitäten begeistern kannst, und Du verfügst damit über die besten Voraussetzungen, Deinem Herzen wieder eine ganz stabile Substanz zu geben! Allein diese Fähigkeit ist schon sehr viel wert und alles andere als selbstverständlich. Die Frage ist nun: Wie kannst Du dafür sorgen, dass die Balance in Deinem Herzen in der nächsten Beziehung nicht wieder aus dem Gleichgewicht gerät? Ist das überhaupt möglich, wenn man sich wirklich auf jemanden einlassen will?

»Dass ich mich selbst derart aufgebe wie damals, das wird mir nie wieder passieren«, schrieb mir Friederike, eine 43-jährige Kundin aus Hamburg, die sich zwei Jahre zuvor wegen ihres Liebeskummers an uns gewendet hatte und mir wie viele andere von Zeit zu Zeit noch immer ein Update gibt. Inzwischen, so berichtete sie mir, sei sie wieder verliebt und im Begriff, mit ihrem neuen Partner zusammenzuziehen. »Wir kennen uns jetzt seit einem knappen Jahr, und diesmal bin ich wesentlich bewusster (und, wie ich finde, reifer) an die Sache herangegangen. Ja, ich glaube, ich habe aus der Vergangenheit gelernt. Ich achte genau darauf, meinen Freundeskreis weiter zu pflegen, ich gehe meinen Hobbys unverändert nach, auch wenn ich mich manchmal regelrecht dazu aufraffen muss, weil ich stattdessen mit meinem Schatz gemütlich auf dem Sofa liegen könnte – wenn ich erst mal unterwegs bin, tut es mir aber gut! Und ich bin mir sogar sicher, dass unsere Beziehung davon profitiert, dass wir beide neben unserer Partnerschaft ein eigenes, erfüllendes Leben haben, so bleibt es immer spannend. Diese Abhängigkeit, die ich früher bei meinem Ex manchmal gespürt habe, die bittere Enttäuschung, wenn er keine Zeit für mich hatte – so was gibt es zwischen uns nicht. Gleichzeitig habe ich aber nicht das Gefühl, dass diese Beziehung weniger intensiv wäre als die letzte, eher im Gegenteil. Nur irgendwie anders. Ich fühle mich freier, offener, selbstbewusster. Ich bin mir sogar darüber im Klaren, dass es auch mit uns beiden irgendwann theoretisch wieder schiefgehen kann – aber das erfüllt mich nicht mit Panik. Für den Moment haben wir eine wunderbare Zeit, und wenn das irgendwann nicht mehr sein sollte, dann weiß ich, dass ich unglaublich traurig sein werde, aber mein Leben davon nicht untergeht.«

Friederikes Art, ihre Beziehung zu führen, ist ganz anders als noch zwei Jahre zuvor. Sie achtet bewusst darauf, den Quellen des Glücks, die sie neben ihrer Partnerschaft besitzt, ausreichend Raum zu geben. Das ist etwas, wofür sie sich entschieden hat und was sie täglich umsetzt – auch wenn es ihr manchmal nicht leichtfällt. Tatsächlich ist Disziplin eine wichtige Voraussetzung, wenn Du Dein Herz für die Zukunft stabilisieren willst. Es reicht nicht aus, Deine Glücksquellen in Gedanken zu pflegen – sie wollen *gelebt* werden! Das heißt, dass Du ihnen Zeit einräumen musst, und zwar auch mal in Momenten, die Du ansonsten mit Deinem Partner verbringen könntest.

Um Dir das zu erleichtern, möchte ich Dir vorschlagen, von nun an in regelmäßigen Abständen immer mal wieder eine Zeichnung von Deinem Glücksherzen anzufertigen – besonders dann, wenn Du Dich das nächste Mal verliebst. Du kannst es zu einem Ritual machen, zum Beispiel einmal im Monat, Deine alten Zeichnungen anzuschauen und zu überlegen, ob das Verhältnis Deiner Glücksquellen noch ausgewogen ist. Auf diese Weise wirst Du merken, wenn sich etwas verschiebt, und kannst dann entscheiden, ob Du gegensteuern möchtest. In jedem Fall verlierst Du Dich selbst mit dieser kleinen Gedankenstütze niemals aus dem Blick.

Typ 3: Wie Du Dein Herz stabilisierst

Es ist das Ende der Welt,
sagte die Raupe.
Es ist erst der Anfang,
sagte der Schmetterling.
Unbekannt

Ich stelle mir vor, wie Du dieses Buch jetzt in Deinen Händen hältst, während Dir viele Fragen und Gedanken durch den Kopf schwirren, falls Du Dich im dritten Liebeskummer-Typ wiedererkannt hast: dem, der bisher kaum andere Quellen des Glücks als die Partnerschaft besaß. »Warum ist das so? Kann und will ich etwas daran ändern? Glaube ich überhaupt an die Theorie von den Quellen des Glücks?«

Ich kann das vollkommen verstehen, denn wenn man

die ganze Sache ernst nimmt, ist ein ziemliches Umdenken angesagt – und das in einem so persönlichen Lebensbereich wie der Liebe! Deshalb möchte ich Dich beruhigen: Indem Du meinem Gedankenspiel auf den kommenden Seiten folgst, gehst Du keinerlei Risiko ein. Denn wenn Du zu dem Schluss kommst, dass das alles nichts für Dich ist, ist ja gar nichts weiter passiert: Zu verlieren hast Du mit meiner Methode nichts, zu gewinnen hingegen sehr viel. Du musst nur bereit sein, etwas Zeit und Energie zu investieren.

Bitte zweifle nicht an Dir selbst, falls Du erkennst, dass manche Dinge in Deinem Leben bisher vielleicht nicht optimal gelaufen sind. Das Einzige (!), was zählt, ist, dass Du jetzt etwas verändern willst. Natürlich ist es wichtig, die Vergangenheit zu verstehen, aber sich Vorwürfe zu machen ist müßig und kostet Kraft, die Du nun an anderer Stelle dringender brauchst: um glücklich zu werden! Denn das Glück kommt nicht von allein, man muss es sich erarbeiten, und das ist nicht immer leicht und schon gar nicht bequem. »Glück ist ein Muskel des Körpers«, wird eine der Interviewten in Maike van den Booms Glücksbuch zitiert. Man muss es trainieren, damit es groß und stark wird. Was vor allem bedeutet: Man *kann* es trainieren, so dass es groß und stark wird!

Wenn Du bis zu diesem Punkt Dein eigenes Herzbild noch nicht gezeichnet hast, möchte ich Dich bitten, dies nun zu tun. Zeichne alle Quellen des Glücks ein, die Du in Deinem Leben aktuell siehst, und bestimme ihre Größe gemäß der Bedeutung, die sie für Dein Lebensglück haben. Dann schreib das Datum vom heutigen Tag daneben. Wann immer Dir in den kommenden Wochen und Monaten danach ist, kannst Du eine weitere Zeichnung anfertigen und so die Entwicklung nachvollziehen.

Bevor es nun gleich darum gehen soll, wie Du Zugang zu weiteren Quellen des Glücks findest, widmen wir uns erst mal folgender Frage: Wie kommt es überhaupt, dass Partnerschaft für Dich bisher der allerwichtigste Weg war, um glücklich zu sein? Warum fällt es Dir schwer, weitere Quellen des Glücks zu erschließen? Meiner Erfahrung nach haben Menschen dafür die folgenden wesentlichen Gründe. Es kann sein, dass Du Dich nicht nur in einem, sondern in mehreren von ihnen wiedererkennst, zumal alle sehr eng beieinanderliegen und sich teilweise gegenseitig bedingen.

Eins sei vorab schon gesagt: Natürlich spielen die Erziehung und die vorhin schon genannten klassischen Geschlechterrollen gerade bei Frauen über 60 eine wichtige Rolle. Da diese Vorstellungen heute aber nicht mehr zeitgemäß sind, gehe ich nicht detailliert darauf ein. Ich bin der festen Überzeugung, dass jede Frau bei uns inzwischen die Möglichkeit hat, sich über diese Muster hinwegzusetzen – und wenn sie es nicht tut, steckt vermutlich doch einer der folgenden Gründe dahinter.

Warum so viele Menschen ihr Lebensglück zu sehr in Partnerschaften suchen

Grund 1: Ein Mangel an Selbstliebe

Wer sich selbst nicht liebt, so hat es Eva-Maria Zurhorst in ihrem Bestseller »Liebe Dich selbst und es ist egal, wen Du heiratest« ausgedrückt, braucht Beziehung wie eine Krücke, um nicht mehr einsam und endlich glücklich zu sein. Neben Zurhorsts großartigem Buch gibt es jede Menge weiterer Ratgeber zu dieser Thematik, wie zum Beispiel das schon 1991 erschienene »Wenn Frauen zu sehr lieben« von Robin Norwood, das Du auch unter den Lese-Tipps am Ende von »Goodbye Herzschmerz« finden wirst.

Der Tenor: Ein Mangel an Selbstliebe kann dazu führen, dass Menschen »beziehungssüchtig« werden. Jeder von uns braucht das Gefühl, liebenswert zu sein und angenommen zu werden, so wie er ist. Wer sich selbst nicht liebt, ist deshalb zwingend auf die Zuneigung eines Partners angewiesen – was leider abhängig macht und dem im Wege steht, was sich dieser Mensch am meisten wünscht: eine glückliche Beziehung. Denn wer abhängig ist, scheut Konflikte, ist nicht hundertprozentig er selbst (um Streit zu vermeiden oder besser zu gefallen) und kann seinem Gegenüber schwer Freiräume zugestehen, da er unsicher und eifersüchtig ist und permanent Angst hat, den anderen zu verlieren. Keine gute Basis für eine stabile, erfüllende Partnerschaft!

All diese Aussagen würde ich unterschreiben. Aber die Frage nach einer glücklichen Beziehung ist nur die eine

Perspektive, die für mich im Zusammenhang mit Selbstliebe von Bedeutung ist. Denn gleichzeitig, und darum soll es hier nun gehen, ist die Konsequenz eines Mangels an Selbstliebe meist auch, dass man schwer Zugang zu seinen Quellen des Glücks findet. Und zwar aus folgenden Gründen:

Wer sich selbst nicht mag, dem fehlt der entscheidende Antrieb, sich etwas Gutes zu tun. Was nicht heißt, dass Menschen, die sich selbst nicht mögen, lethargische Faulpelze wären. Im Gegenteil: Vielfach sind sie sehr ehrgeizig, fleißig, strebsam und perfektionistisch. Selten sind ihre Ziele aber die Dinge, die ihnen wirklich Spaß machen und sie mit Glück erfüllen – sondern eher die, von denen sie glauben, dass sie angemessen oder erstrebenswert wären. Sie verwirklichen also nicht sich selbst, sondern das Bild, das ihre Umwelt von ihnen haben soll. Weil sie es sich selbst nicht wert sind, auf die eigenen Bedürfnisse zu achten – und weil sie viel zu viel Angst vor dem Scheitern haben. Wer sich selbst nicht mag, der gesteht sich nicht zu, auch mal Fehler machen zu dürfen oder verschiedene Dinge auszuprobieren, die in den Augen anderer verrückt sein könnten.

Nun klingt das alles vielleicht ein bisschen theoretisch. Deswegen möchte ich Dir ein paar klassische Anzeichen mangelnder Selbstliebe nennen, die mir im Umgang mit Frauen und Männern, die an Liebeskummer litten, schon oft begegnet sind. Menschen, die sich selbst nicht lieben,

– gehen oft einer Arbeit nach, die ihnen keine Freude bereitet;

- vertrauen anderen Menschen wenig, da sie (unbewusst) unterstellen, dass die anderen genauso schlecht von ihnen denken wie sie selbst – was dazu führt, dass sie Probleme haben, enge Beziehungen zu Freunden aufzubauen;
- behandeln ihren Körper nicht gut, machen zum Beispiel zu viel oder zu wenig Sport oder ernähren sich schlecht;
- sind entweder rastlos oder phlegmatisch;
- probieren Dinge, an denen sie scheitern könnten (auch Hobbys, Sportarten), gar nicht erst aus;
- können sich schwer auch mal etwas gönnen (freie Zeit, ein Geschenk), und wenn, dann nur mit schlechtem Gewissen;
- sind leicht durch die Meinungen anderer zu verunsichern / zu beeinflussen;
- reden schlecht von sich selbst, auch wenn es vordergründig meist als Witz getarnt wird: »Ich bin so blöd«, »So dämlich wie ich muss man erst mal sein«, »Ich hab's auch einfach nicht anders verdient«.

All diese Verhaltensweisen stehen einem beim Finden der Quellen des Glücks natürlich im Weg. Denn wer sich selbst nicht das Kostbarste ist, was es im eigenen Leben gibt, der wird sich gar nicht erst auf die Suche begeben. »Sich mögen bedeutet, sich sich selbst gegenüber so zu verhalten, wie man sich einem lieben Freund gegenüber verhalten würde«, schreibt der Diplom-Psychologe Rolf Merkle in seinem Buch über den Inneren Kritiker. Logisch: Seinen Freunden wünscht man selbstverständlich jede Menge Quellen des Glücks!

Die Gründe dafür, dass (übrigens sehr viele) Menschen Probleme damit haben, sich selbst zu mögen, sind aus psychologischer Perspektive meist in der Kindheit zu finden, wie Daniela Blickhan erklärt: Wie ernst wurden die Bedürfnisse des Säuglings genommen? Wurde er durch seine Bezugspersonen wertgeschätzt? Hat ein Kind im Schulalter genug Rückhalt bekommen, gerade bei Misserfolgen (»Wir haben Dich trotzdem lieb« / »Du bist trotzdem ein liebenswerter Mensch«)? Auch kulturelle Faktoren und die charakterliche Individualität eines Menschen spielen natürlich eine Rolle.

Wichtig ist in diesem Zusammenhang auch noch, dass *Selbstliebe* etwas ganz anderes ist als *Selbstverliebtheit*. Selbstliebe heißt eben nicht, sich selbst für perfekt, den tollsten aller Menschen und für unbesiegbar zu halten. Selbstliebe bedeutet, die eigenen Schwächen zu sehen, sich Fehler zuzugestehen, aber sich dennoch liebzuhaben und sich so zu akzeptieren, wie man ist. Es ist diese Einstellung uns selbst gegenüber, die uns frei und mutig macht und auf deren Basis wir viele verschiedene Quellen des Glücks mit großer Wahrscheinlichkeit ganz von allein entdecken.

Grund 2: Ein Mangel an Selbstvertrauen

In direktem Zusammenhang mit dem Thema Selbstliebe steht der Mangel an Selbstvertrauen: Wer grundsätzlich eher schlecht von sich denkt, der neigt auch dazu, sich selbst wenig zuzutrauen – und zwar in vielen Bereichen des Lebens.

Im Job, selbstverständlich. Aber auch beim Auftreten in

der Öffentlichkeit oder beim Verwirklichen privater Träume wie Reisen, Auslandsaufenthalten oder zum Beispiel dem Schreiben eines Buches (nebenbei bemerkt: Auch für mich war »Schluss mit Kummer, Liebes!« ein Sprung ins kalte Wasser, und ich war mir nicht ganz sicher, dass ich das Manuskript zu Ende bringen würde – aber ich habe beschlossen, es einfach zu versuchen. Zum Glück!). Aus Unsicherheit schrecken viele Menschen davor zurück, ihre geheimen Vorstellungen von sich selbst auszuleben. »Ich schaffe das doch eh nicht« oder »Die wollen sowieso nichts mit mir zu tun haben« sind zwei klassische Gedanken, die uns davon abhalten, unserem Wunsch-Ich nachzugehen. Stattdessen verharren wir in sicheren Bahnen oder leben das Leben, von dem wir glauben, dass andere es von uns erwarten: die Eltern, die Familie, die Gesellschaft im Allgemeinen. Auf diese Weise ist es nur leider schwierig bis unmöglich, Zugang zu seinen Quellen des Glücks zu finden, weil man niemals ganz man selbst ist. Und Glücksquellen sind nun einmal etwas höchst Persönliches.

Passenderweise hatte ich genau zu der Zeit, als ich an diesen Seiten von »Goodbye Herzschmerz« geschrieben habe, eine wundervolle junge Frau in der Beratung. Ich nenne sie hier mal Emma. Emma war 28 Jahre alt und hatte sich ein paar Monate zuvor nach fast 10-jähriger Beziehung von ihrem Freund getrennt – war sich nun jedoch unsicher geworden, ob das die richtige Entscheidung gewesen war. Nachdem es in unseren Mails anfänglich noch um die Liebesgeschichte der beiden gegangen war, rückte schon bald eine ganz andere Frage in den Vordergrund:

Emma spielte schon seit längerem mit dem Gedanken, ihren Job in Deutschland zu kündigen und ins Ausland zu gehen. »Manchmal glaube ich«, schrieb sie mir, »dass ich mit der Trennung nur so hadere, weil ich mich noch nicht traue, den Schritt in mein neues Leben zu machen. Irgendwie spüre ich, dass ich aus meinen eingefahrenen Mustern ausbrechen muss – aber was ist, wenn ich scheitere? Das macht mir solche Angst.« Mit Hilfe von ein paar Übungen stellte sich schnell heraus, dass Emmas Auslandsidee objektiv betrachtet im Grunde ohne großes Risiko war: Sie hatte ausreichend hohe Rücklagen, eine exzellente akademische Qualifikation und für den Notfall auch immer noch eine Familie, die sie auffangen würde. Wo also war das Problem? »Meine Eltern sind sehr konservativ«, sagte Emma. »Wenn es nach ihnen gegangen wäre, hätte ich gar nicht studiert, sondern eine Ausbildung gemacht, geheiratet und wäre mit meiner Familie in unserer Kleinstadt geblieben. Sie selbst waren nie im Ausland, haben nie für ein großes Unternehmen gearbeitet. Deswegen trauen sie auch mir das nicht zu. Vielleicht haben sie ja recht. Jedenfalls wäre es fürchterlich, wenn ich ihnen irgendwann gestehen müsste, dass ich gescheitert bin. Da würde ich mich so schämen.« Bald wurde klar, dass schon Emmas Trennung nach der jahrelangen soliden Beziehung der erste Schritt hinaus aus ihrem vorgezeichneten Leben und hin zu ihren eigentlichen Plänen gewesen war. Sie haderte sowohl mit der Trennung als auch mit dem Umzug ins Ausland, weil ihr der Mut fehlte – und das wegen eines Mangels an Selbstvertrauen. Nachdem Emma das erkannt hatte, beschloss sie, sich zu überwinden und in ihr Wunschleben zu starten. Ab und an höre ich noch von ihr – es geht ihr inzwischen sehr gut, den Liebeskummer hat sie längst überwunden.

Selbstvertrauen hat für mich nicht nur mit dem zu tun, was wir im Alltagsgebrauch darunter verstehen: sich selbst etwas *zuzutrauen*. Es geht vor allem auch darum, sich selbst zu *vertrauen*, im wahrsten Sinne des Wortes. Seinen eigenen Ideen, Wünschen und Träumen zu vertrauen, seinem eigenen Bauchgefühl. Emma hat jahrelang der Meinung ihrer Eltern mehr vertraut als sich selbst – obwohl es dabei nicht etwa um deren, sondern um ihr eigenes Leben ging.

Hand aufs Herz: Niemand weiß so gut, was Du brauchst, wie Du selbst. Denn niemand sonst steckt in Deiner Haut, kennt Deine Gedanken, Deine Gefühle, Deine Bedürfnisse. Der beste Experte für Dich bist Du selbst – und zwar ohne dass Du dafür irgendetwas anderes tun musst, als Dir selbst zu vertrauen. Wer auch immer Dir etwas anderes einreden will, der irrt sich.

Noch ein Gedanke für Dich

Sehr schön bildlich wird die Tatsache, wie wichtig es ist, sich selbst zu vertrauen und in seinem eigenen »Element« zu leben, in Eckart von Hirschhausens Pinguin-Geschichte, die ich an dieser Stelle noch kurz zitieren möchte. Vielleicht kennst du sie schon, ansonsten findest Du sie auch noch mal ausführlicher auf der Website hirschhausen.com:

Eckart von Hirschhausen war als Moderator auf einem Kreuzfahrtschiff engagiert und fühlte sich dort »kreuzunglücklich«. Die Gäste an Bord verstanden seinen

Humor nicht, seekrank wurde er auch noch. Endlich, als nach drei Tagen Fahrerei der erste Landgang anstand, besuchte Eckart von Hirschhausen einen norwegischen Zoo. Dort sah er einen Pinguin auf einem Felsen stehen. Er hatte Mitleid mit dem Tier: »Musst du auch Smoking tragen? Wo ist eigentlich deine Taille? Und vor allem: Hat Gott bei dir die Knie vergessen?« Das Urteil des Entertainers stand fest: »Fehlkonstruktion.« Aber auch nur so lange, bis der Pinguin ins Wasser sprang. Denn plötzlich war dasselbe, vorher schwerfällige Tier »zehnmal windschnittiger als ein Porsche. Ein Schwimmer, Jäger, Wasser-Tänzer!« Warum? Der Pinguin war nun in seinem Element. Und Eckart von Hirschhausen musste sein Urteil revidieren. Von wegen Fehlkonstruktion!

Soll heißen: Wenn wir im Leben nicht den Erfolg haben, den wir uns wünschen, wenn wir unsicher und voller Selbstzweifel sind, dann hat das meist etwas damit zu tun, dass wir nicht so leben, dass wir unsere Stärken richtig entfalten können. Wenn Du beispielsweise Mathematik studiert hast, obwohl Du eigentlich kreativ und musisch interessiert bist, wird es Dir vermutlich schwerfallen, in Deinem Fach wirklich gut und glücklich zu sein. Das bedeutet aber keinesfalls, dass Du »dumm« bist. Du bist lediglich ein Pinguin an Land.

Grund 3: Angst vor Eigenverantwortung

Wenn wir uns nicht mögen und ein schwaches Selbstvertrauen haben, hat das (auch) etwas mit den Einflüssen aus unserem Umfeld zu tun, wie wir gerade gesehen haben. Eltern, Freunde oder andere Mitmenschen haben uns geprägt und uns dabei möglicherweise unbedacht, unfair oder schlimmstenfalls sogar schlecht behandelt.

Da liegen Gedanken wie »Ihr seid schuld, dass ich mich selbst nicht lieben kann« oder »Euretwegen habe ich so ein schlechtes Selbstvertrauen« natürlich nahe. Entsprechend viele Menschen haben genau solche Gedanken – teilweise ganz konkret, teilweise eher unbewusst. Aber so nachvollziehbar das auch ist, diese Überzeugungen sind im Grunde nichts anderes als das nächste große Problem: Sie bringen nicht nur so belastende, negative Gefühle wie Wut und Aggressionen mit sich, sondern laden uns vor allem ein, uns hinter ihnen zu verstecken. »Wenn jemand anders daran schuld ist, dass ich mich in diesem Zustand befinde, dann soll derjenige mich auch wieder heilmachen! Ich habe mir das ja schließlich nicht ausgesucht!«, reden wir uns ein, aus lauter Unsicherheit und Angst davor, unser Leben endlich selbst in die Hand zu nehmen. Doch wer das nicht tut, der findet keinen Zugang zu seinen Quellen des Glücks. Stattdessen wälzt er die Verantwortung für die eigene Unzufriedenheit auf andere ab – zum Beispiel auf den Partner. Häufig geht das »Keine Verantwortung für sich selbst tragen« sogar so weit, dass der Partner nicht nur für die eigene Zufriedenheit sorgen, sondern auch viele alltägliche Entscheidungen für einen treffen soll. Mit dem Nebeneffekt, dass man ihm die Schuld geben kann, wenn mal etwas nicht läuft wie gewünscht.

Das Fazit: Um schweren Liebeskummer in Zukunft zu vermeiden, ist es notwendig, sich aus der Opferrolle zu befreien, in jeder Hinsicht. Denn auch wenn Deine Eltern oder andere Dir nahestehende Menschen leider dazu beigetragen haben, dass Du Dich (noch) nicht richtig lieben kannst: Selten haben sie es absichtlich getan. Und selbst wenn das der unglaublich traurige Fall sein sollte, dann schadest Du mit Schuldzuweisungen dennoch nur Dir selbst – weil sie Dich davon abhalten, Verantwortung für Dich selbst zu tragen und Dein Leben endlich so zu leben, wie Du es könntest! Mach Dir stattdessen bewusst, dass alle Menschen fehlbar sind, auch Eltern und Freunde. Und dann versuch, ihnen zu vergeben und loszulassen – möglicherweise mit professioneller Hilfe.

Jeder von uns lebt nur einmal. Das bedeutet: Jeder einzelne Tag ist unendlich kostbar. Bestrafe Dich nicht zusätzlich, indem Du wertvolle Zeit verstreichen lässt, weil Du in der Opferrolle verharrst. Später wirst Du die Uhr nicht zurückdrehen können. Nimm Dein Leben in die Hand, und gestalte es so, wie es Dir gefällt!

Grund 4: Innere Leere

»Ich fühle mich innerlich so leer« ist ein Satz, den ich von Menschen mit (akutem oder schon länger anhaltendem) Liebeskummer sehr häufig höre. »Mir macht irgendwie gar nichts wirklich Spaß. Manchmal kommt es mir so vor, als wäre alles, was ich den ganzen Tag mache, eine einzige Aneinanderreihung von Ablenkungsmanövern. Ich arbeite wie verrückt, um die Leere nicht zu spüren. Ich gehe shoppen, um die Leere nicht zu spüren. Ich mache Sport, um die Leere nicht zu spüren. Oder ich esse oder trinke zu viel.«

Innere Leere ist ein fürchterlicher Zustand. Sie ist das Gefühl der vollkommenen Orientierungs- und Gefühllosigkeit, der Verlust der Fähigkeit, Freude zu empfinden. Nichts, was aus einem selbst kommt, macht einem Spaß, geschweige denn, dass man Ideen hätte, was man daran ändern könnte. Menschen, die sich innerlich leer fühlen, brauchen deshalb permanent Zerstreuung, müssen immer irgendwas zu tun haben. Und weil es unglaublich anstrengend ist, ständig für solche Ablenkungsmanöver zu sorgen, ist ein Partner, der sich um gemeinsame Aktivitäten kümmert und mit dem man nie allein ist, eine naheliegende Wahl.

Wenn Menschen an innerer Leere leiden, kann das zwei wesentliche Ursachen haben:

Erstens ist innere Leere ein Symptom von Depression. Diese kann seelische, genetische oder biochemische Auslöser haben, und je nach Häufigkeit, Dauer und Intensität der depressiven Episoden kann man verschiedene Erkrankungen diagnostizieren.

Zweitens ist innere Leere häufig die Folge einer schlechten Verbindung zu sich selbst – das bedeutet, dass zwar eigene Bedürfnisse vorhanden sind, man sie aber einfach nicht wahrnehmen oder zumindest nicht berücksichtigen kann (weil Gefühle zum Beispiel als Reaktion auf traumatische oder belastende Erlebnisse abgekoppelt oder verdrängt wurden).

Beide Ursachen für die innere Leere sind sehr ernst zu nehmen. Wenn Du Dich in diesem Zustand auch über den akuten Liebeskummer hinaus wiederfindest, dann solltest Du deshalb auf jeden Fall in Erwägung ziehen, dass Du medizinische und/oder psychologische Hilfe brauchst. Es gibt wunderbare Methoden wie die Arbeit mit dem *inneren Kind* oder Achtsamkeitstraining, die Dir helfen, Dich selbst besser zu spüren. Depressive Erkrankungen werden mit Psychotherapie und gegebenenfalls mit Medikamenten behandelt.

Je weiter Deine innere Leere zurückweicht, umso mehr Platz wird in Deinem Herzen für Deine Quellen des Glücks sein! In den FAQ am Ende von »Goodbye Herzschmerz« findest Du Hinweise, wie Du einen passenden Therapeuten oder Arzt findest, und auch einige Buch-Tipps.

Grund 5: Probleme, Nähe zuzulassen

Die Angst vor der Einsamkeit ist für sehr, sehr viele Menschen der düsterste Schatten, der sich nach einer Trennung über ihr Leben legt. »Niemand kennt mich so gut wie mein Expartner«, »Sie war die Einzige, mit der ich offen über mich sprechen konnte« oder »Mit niemandem sonst ist der Umgang so selbstverständlich«, sagen sie mir.

Natürlich ist es normal, dass der Partner einem besonders nahesteht. Mit niemandem sonst verbringt man so viel Zeit, teilt gute und schlechte Stunden, schmiedet Zukunftspläne, hat viel und intimen Körperkontakt. Dennoch erschrecke ich immer wieder darüber, wie wenig tiefgehende Beziehungen zu anderen Menschen (Freunden, Familienmitgliedern) viele Frauen und Männer wirklich haben: Dieser Mangel an zwischenmenschlicher Nähe trägt (auch auf körperlicher Ebene in Form von Berührungen, Umarmungen etc.) eben nicht nur dazu bei, dass man sich *nach* einer Trennung einsam fühlt. Vor allem führte er dazu, dass man schon *vorher* so sehr auf eine Partnerschaft fixiert war – nämlich auf den Partner als den einen, den einzigen Menschen, dem man sich anvertrauen und dem man nahe sein kann.

Wer schlecht von sich selbst denkt, hat permanent Angst vor Ablehnung und geht deshalb nicht offen auf andere zu. Außerdem stellt er sich unter Umständen nach außen hin anders dar, als er wirklich ist, um über sein schwaches Selbstbewusstsein hinwegzutäuschen. Nicht von ungefähr wirken gerade unsichere Menschen manchmal überheblich, distanziert und kühl. Das Problem ist aber, dass echte Nähe nur dann entstehen kann, wenn man authentisch ist, zu seiner Meinung, seinen Gefühlen, Ängsten und Schwächen steht – weil das Interesse des anderen nur dann auch wirklich mich meint (und nicht die Person, die ich vorgebe zu sein). Nur so fühlt man sich angenommen, dem Gegenüber verbunden und nicht mehr allein. Wem es nicht gelingt, auf diese Weise mit anderen Menschen in Kontakt zu treten, der empfindet sich unter Umständen als regelrecht isoliert. Und das mitunter auch (oder gerade) in Situationen, in denen er Gesellschaft um sich hat. Es kommt einem dann so vor, als würden sich alle anderen super verstehen und Spaß haben, nur man selbst gehört nicht richtig dazu.

Wer sich selbst mag und gut mit sich selbst und den eigenen Bedürfnissen verbunden ist, fühlt sich hingegen selten einsam, selbst wenn er allein ist. *Allein sein* und *einsam sein* sind zwei vollkommen verschiedene Paar

Schuhe: Es gibt viele Singles, die sich keineswegs einsam fühlen, und viele liierte Menschen, die genau das trotz Partnerschaft tun. Das Gefühl der Einsamkeit hat in erster Linie mit uns selbst und weniger mit den äußeren Umständen zu tun.

Welche Rolle spielt die Fähigkeit, Nähe zuzulassen, nun in Bezug auf Deine Quellen des Glücks? Darin sind sich nicht nur die Autoren einig, die ich bis zu diesem Punkt zitiert habe: Freundschaften, familiärer Zusammenhalt und soziale Beziehungen überhaupt gehören für uns alle zu den wichtigsten Quellen des Glücks. Wer sie nicht oder nur bedingt anzapfen kann, der hat es schwer, sie mit Alternativen wirklich auszugleichen. Und wenn er im Ausnahmezustand des Verliebtseins die Nähe zu einem Menschen dann doch zulassen kann, wird er sich mit großer Wahrscheinlichkeit auf diese Person fixieren.

Wenn Du ohne Partner bist, bist Du nicht *einsam*. Du bist lediglich öfter *allein*. Dadurch hast Du die Möglichkeit, Deine Kontakte zu anderen Menschen zu intensivieren und zu vertiefen. Nicht nur mit seinem Partner kann man eine stabile, gute und erfüllende Beziehung führen!

Recherchiere weiter und hole Dir Unterstützung!

Sicher gibt es über diese Gründe hinaus noch weitere, ganz individuelle biographische Faktoren, die dazu führen, dass Frauen und Männer ihr Lebensglück vor allem in Partnerschaften suchen. *Mangelnde Selbstliebe, mangelndes Selbstvertrauen, Angst vor Eigenverantwortung, innere Leere* und *Probleme, Nähe zuzulassen,* sind meiner Erfahrung nach die häufigsten von ihnen. Und diese Probleme lassen sich an dieser Stelle natürlich nicht lösen, denn dazu bedarf es eines sehr persönlichen und komplexen Prozesses, der den Rahmen dieses Buches bei weitem sprengen würde. Worum es mir also vielmehr geht, ist, Dir einen Denkanstoß zu geben:

Wenn Du Dich auf den letzten Seiten wiedergefunden hast oder noch weitere Ursachen vermutest, warum Du Dein Glück sehr einseitig in einer Partnerschaft suchst, dann möchte ich Dich bitten, weiter zu recherchieren. Zum Beispiel anhand der Literatur-Tipps in den FAQ. Hol Dir gegebenenfalls professionelle Hilfe bei einem Psychotherapeuten oder Coach. Und leg parallel dazu los mit der Suche nach Deinen Quellen des Glücks! Das absolut Entscheidende ist, dass Du jetzt aktiv wirst. Vieles Weitere wird sich unterwegs entwickeln, sich bedingen und gegenseitig verstärken. Es geht, wie die amerikanische Motivationstrainerin Barbara Sher so schön sagt, darum, Deine »natürliche Begeisterung für das Leben wiederzufinden«. Und die kommt am ehesten zurück, indem Du genau das tust: leben. Probier vieles aus, lern Neues kennen. Sei aufgeschlossen Dir selbst und Deiner Umwelt gegenüber. Begib Dich auf eine Entdeckungsreise zu Dir selbst und Deinen Quellen des Glücks! Der Weg ist das Ziel!

♥ Kapitel 8 ♥

Die Suche nach Deinen Quellen des Glücks

*»If you want to be happy,
get out of your head and into your life«*
Todd Kashdan & Robert Biswas-Diener

Die folgende Suche, die den Kern der Glücksherz-Methode® darstellt, besteht aus zwei Schritten. Im ersten Schritt werden wir mit Hilfe einiger Gedankenübungen nach den Quellen des Glücks suchen, die bereits in Dir angelegt sind, die Du bisher aber nicht wahrgenommen oder nicht zugelassen hast. Im zweiten Schritt werde ich Dir dann für die wesentlichen Bereiche, in denen die meisten Menschen Glück finden (Beruf, Hobbys, Familie, Freunde), einige konkrete Anregungen geben, wie Du sie für Dich neu entdecken kannst.

Schritt 1:
Finde die Quellen des Glücks, die in Dir sind

Die gute Nachricht vorweg: Eigentlich hat jeder von uns

ein intuitives Gespür dafür, wo die eigenen Quellen des Glücks liegen. Solange wir Kinder sind, wissen wir meist sehr genau, was uns Spaß macht und uns Lebensfreude bringt. Erst im Laufe des Aufwachsens verlieren viele von uns diesen Zugang, werden stattdessen vernünftig, unsicher oder ängstlich und passen sich den äußeren Umständen an. »Menschen, die sich für nichts wirklich interessieren, sind im Grunde Menschen, die nicht damit aufhören können, ihren Enthusiasmus und ihre Begeisterung zu schützen«, schreibt Barbara Sher. Dennoch ist die Fähigkeit, Enthusiasmus und Begeisterung zu empfinden, die ganze Zeit in uns. Wir müssen sie nur wiederfinden. Die folgenden Übungen sollen Dir dabei helfen.

Übung 1: Wer warst Du als Kind?

Die Frage danach, wer jemand als Kind war, ist in der Praxis definitiv meine Lieblingsübung. Sie ist meist nicht nur extrem aufschlussreich, sondern macht viel Spaß, und man fühlt in der Regel sofort Ergebnisse (du erinnerst Dich, dass ich sie im ersten Teil bei den Maßnahmen der Herzreparatur deswegen auch schon einmal angesprochen habe). Nicht selten passiert es, dass Menschen direkt nach der Übung anfangen, Dinge zu tun, die sie schon ewig nicht mehr gemacht haben, und dann sagen: »Wahnsinn, jetzt merke ich erst, wie sehr mir das gefehlt hat!« Ein wunderbares Mittel gegen Liebeskummer.

Die Übung ist ganz leicht: Setz Dich oder leg Dich irgendwo ruhig hin, nimm Dir ausreichend Zeit. Zur Inspiration kannst Du in Fotoalben, Tagebüchern oder Briefen aus

Kindertagen blättern (am besten aus der Zeit vor dem Einsetzen Deiner Pubertät). Dann versetz Dich gedanklich in den kleinen Menschen, der Du damals warst:

Womit hast Du als Kind am allerliebsten Deine Zeit verbracht, als Du noch nicht bewertet hast, was sinnvoll und zielführend ist oder von Dir erwartet wird? Für welche Themen hast Du gebrannt, bevor Du Angst vor dem Scheitern hattest? Was waren Deine liebsten Fächer in der Schule? (Das müssen nicht zwangsläufig die gewesen sein, in denen Du auch am besten warst.) Was wolltest Du werden, wenn Du groß bist? Welche Situationen fallen Dir ein, in denen Du besonders glücklich warst?

Wenn Du magst, kannst Du auch mit alten Freunden oder Deinen Eltern darüber sprechen. Je länger Du Dich mit dem Thema auseinandersetzt, umso mehr Erinnerungen werden Dir einfallen. Mach Dir zu all Deinen Erkenntnissen bitte Notizen und bewahre sie auf. Dann geh weiter zur nächsten Übung.

Übung 2: Wobei vergisst Du die Zeit?

Gibt es Dinge, bei denen Du vollkommen die Zeit vergisst oder früher schon einmal die Zeit vergessen hast? Beschäftigungen, bei denen Du plötzlich auf die Uhr schaust und denkst: »Was, schon so spät?« In die Du Dich so vertiefst, dass Du um Dich herum nichts mehr wahrnimmst? Das können ganz alltägliche Dinge sein wie die Steuererklärung (ist mir schon begegnet!), kreative Beschäftigungen wie zum Beispiel Schreiben oder Malen, Sport und jede Menge mehr. Welche fallen Dir ein und wie viele? Eine, zwei, drei? Bitte schreib auch diese auf einen Zettel und ordne ihnen gegebenenfalls Oberbegriffe zu: kreativ sein, mathematisch/logisch denken, Bewegung und Ähnliches.

Übung 3: Stell Dir vor, Du wirst krank ...

Mit der dritten und auch der gleich folgenden vierten Übung möchte ich Dich zu zwei Gedankenspielen einladen, die zugegebenermaßen etwas makaber sind. Aber manchmal ist es notwendig, sich die Einmaligkeit des eigenen Lebens vor Augen zu führen, um herauszufinden, was man wirklich will.

Stell Dir vor, Du gehst morgen zum Arzt und bekommst eine Diagnose, die für Dich bedeutet, dass Du nur noch drei Monate zu leben hast. Allerdings bei gutem Wohlbefinden, das heißt, Du fühlst Dich nicht krank und auch Dein Körper ist nicht schwach. Du kannst also bis zum letzten Moment theoretisch noch alles machen, was in knapp hundert Tagen zu schaffen ist. Was würdest Du tun? Lebst Du Dein Leben so weiter wie bisher, oder veränderst Du etwas? Was willst Du unbedingt noch erleben, fühlen, erreichen, was wirst Du eventuell bedauern?

Diese Übung hat für mich selbst einmal entscheidende Veränderungen angestoßen, und ich halte sie deshalb für sehr wirksam. Vor der Gründung der *Liebeskümmerer* war ich lange Jahre in einer großen PR-Agentur angestellt. Der Job ging mir leicht von der Hand, die Kollegen waren supernett, aber ich saß jeden Tag in einem Büro fest, obwohl ich eigentlich ein totaler Naturmensch bin. Während ich arbeitete, bezahlte ich eine Dog-Walkerin, damit sie mit meinem Hund in den Wald ging – wo ich selbst am liebsten gewesen wäre! Ganz schön verrückt. Außerdem fragte ich mich manchmal, wie sinnvoll das, was ich da tagein, tagaus für unsere Kunden machte, eigentlich wirklich war. Erreichte ich mit meiner Arbeit, dass es Menschen gutging, hatte ich einen erfüllenden, authentischen und herzlichen Kontakt zu unseren Kunden? Oder ging es mir und auch unseren Auftraggebern am Ende doch in erster Linie ums Geld?

Etwa ein halbes Jahr nachdem ich selbst eine schmerzvolle Trennung hinter mir hatte und als die Idee, ein Hilfsangebot für Menschen mit Liebeskummer zu gründen, schon grob in meinem Kopf herumspukte, nahm ich gemeinsam mit einem guten Freund an einem Reitausflug durch Brandenburg teil. Damals stellte er mir diese Frage: »Was würdest Du machen, wenn Du nur noch zwölf Wochen zu leben hättest?« Ich musste keine Sekunde lang nachdenken: »Erst mal würde ich meine letzten sieben Jahre bereuen – die vielen Tage, die ich im Büro gesessen habe, anstatt etwas zu tun, was mich wirklich berührt, und viel in der Natur zu sein.« Während ich das aussprach, überkam mich eine regelrechte Beklemmung bei der Vorstellung, dass mir nur noch so wenig Zeit bleiben könnte, um all die Dinge zu erleben, die mir theoretisch (!) wirklich wichtig sind. »Und dann würde ich auf der Stelle etwas ändern. Nicht mehr ins Büro gehen, draußen sein, Zeit mit meinen Tieren verbringen und mit den Menschen, die ich liebe.« Mein Freund Georg sah mich lächelnd an. »Keine weiteren Fragen«, kommentierte er nur. Bereits in der darauffolgenden Woche kündigte ich mein unbefristetes Arbeitsverhältnis und machte mich daran, aus der vagen Idee, die ich hatte, *Die Liebeskümmerer* aufzubauen. Und: Ich meldete meinen Hund bei der Dog-Walkerin ab!

Viele von uns Menschen sind Gewohnheitstiere. Wir richten uns in unserer bequemen Komfortzone ein oder hetzen irgendwelchen Zielen hinterher und vergessen mitunter, wie kostbar jeder einzelne unserer Lebenstage ist. Viele Träume und Wünsche verschieben wir auf morgen. Ohne zu berücksichtigen, dass es manchmal gar kein Morgen mehr gibt.

Hast Du Dir schon Notizen zu Deinen »letzten Wochen« gemacht? Falls nein, dann leg jetzt los!

Übung 4: Schreib einen Nachruf auf Dich selbst

Im Oktober 2013 hat die Medienunternehmerin Christiane zu Salm ein Buch veröffentlicht, das mich sehr bewegt und an eine der Übungen erinnert hat, die ich zu diesem Zeitpunkt schon manchmal mit unseren Kunden machte: einen Nachruf auf sich selbst schreiben. Das Buch heißt »Dieser Mensch war ich: Nachrufe auf das eigene Leben«, und es beinhaltet kurze Texte, die Christiane zu Salm auf Basis von Interviews mit Menschen in einem Sterbehospiz verfasst hat. Darin berichten die Frauen und Männer, wie sie angesichts ihres bevorstehenden Todes über ihr Leben denken. Man muss seelisch schon sehr stabil sein, um diese Lektüre zu verkraften, aber in seiner Quintessenz ist das Buch ein Sammelsurium an verpassten Chancen und Gelegenheiten. Fast jeder der dort zitierten Menschen bereut es, bestimmte Dinge nicht getan zu haben, zu wenig nach seinen eigenen Vorstellungen und zu viel nach denen seiner Umwelt gelebt und seine Gefühle anderen gegenüber nicht offen geäußert zu haben.

Bitte schreib nun einen fiktiven Nachruf (also eine Art Grabrede) auf Dich selbst: Was sollte man am Ende Deines Lebens über Dich sagen können? Wer möchtest Du gewesen sein? Für welche Werte und Ideale möchtest Du gestanden haben? Was war Dir wichtig, was hast Du erreicht? Lies Dir den Text anschließend durch und frag Dich, wie weit Du von diesem Menschen entfernt bist, den Du dort beschreibst. Warum ist das so?

Übung 5:
Das Vorbild, mit dem Du Dich identifizieren kannst

Gibt es jemanden in Deinem Umfeld oder eine bekannte oder prominente Person, die Du bewunderst und von der Du insgeheim denkst, dass Ihr Euch irgendwie ein bisschen ähnlich seid? Dass sie das Leben lebt, das Du auch eigentlich leben könntest und wolltest, wenn Dich nur dieses und jenes nicht davon abhalten würde? Wer ist diese Person, was zeichnet sie aus? Was unterscheidet Euch voneinander?

Unbewusst haben wir oft ein relativ klares Gespür dafür, wer wir hinter unseren Ängsten und Unsicherheiten »in

Wahrheit« sind. Und ein Vorbild ist gut geeignet, um sich das vor Augen zu führen. Natürlich solltest Du niemanden imitieren, aber sich Inspiration zu holen ist ausdrücklich erlaubt! Wenn Du also eine Person gefunden hast, mit der du Dich identifizieren kannst, dann frag Dich genau: Was hält mich davon ab, so wie sie zu sein, ihre Art von Leben zu leben? Bitte mach Dir auch hierzu Notizen.

Was tust Du, um diese Quellen des Glücks zu pflegen?

Wenn Du mit diesen Übungen fertig bist, hast Du vermutlich jede Menge Zettel vor Dir liegen. Sie alle enthalten Informationen darüber, welche Deiner Quellen des Glücks Du insgeheim schon kennst. Versuch nun bitte, auf einem neuen Blatt Folgendes zusammenzutragen: Welche Themen und welche Beschäftigungen tauchen in Deinen Notizen immer wieder auf, welche berühren Dich besonders? Sobald Du das herausgefunden hast, stell Dir die folgenden Fragen:

1. Wie viel Zeit räume ich diesen Dingen in meinem Leben aktuell ein?

2. Was kann ich tun, um ihnen in Zukunft mehr Priorität zu geben?

Lass das Ergebnis ein paar Tage in Dir nachwirken, und dann überleg Dir, ob Du aktiv werden willst.

Schritt 2:
Wie Du weitere Quellen des Glücks entdecken kannst

Natürlich gibt es Lebensbereiche, aus denen viele Menschen Glück ziehen können – weil sie besonders gut dafür geeignet sind, positive Gefühle in uns auszulösen. Nachdem Du nun also gesehen hast, welche Deiner Quellen des Glücks Du tief in Dir drin bereits kennst, kannst Du Dich auf eine Entdeckungsreise machen: Widme Dich ganz bewusst den folgenden Themen, probier sie praktisch und theoretisch auf neue Weise aus. Was bringt Dir Freude, Spaß, Liebe, Geborgenheit, Unbeschwertheit und andere gute Emotionen?

Beruf oder Berufung?

Wie viele Stunden Deines Tages verbringst Du mit der Arbeit (beziehungsweise mit Studium oder Ausbildung)? Arbeitest Du momentan überhaupt? Wenn ja: Wie fühlst Du Dich in der Regel dabei? Freust Du Dich auf Deinen Job? Oder ist er eher eine Notwendigkeit, um Geld zu verdienen? Wenn Du nicht arbeitest: Würdest Du gern arbeiten? Was hindert Dich daran? Findest Du keinen Job, oder hast Du aus bestimmten Gründen bisher nicht mit der Suche begonnen?

Ich möchte Dich an dieser Stelle bitten, Deine ganze Arbeitssituation einmal kritisch auf den Prüfstand zu stellen: Hat sie so, wie Du sie im Moment erlebst, Potential, zu Deinen Quellen des Glücks zu gehören? Lösen Deine

Arbeit, Dein Studium oder Deine Ausbildung also deutlich mehr positive als negative Emotionen in Dir aus?

Menschen, die gern arbeiten oder deren Arbeit im besten Fall sogar mehr Berufung ist als Beruf, fallen meiner Erfahrung nach wesentlich seltener in ein tiefes Liebeskummer-Loch als Menschen, für die der Beruf ein notwendiges Übel darstellt. Denn während die Arbeit für die Letztgenannten in einer Trennungssituation oft eine zusätzliche Belastung darstellt, gibt sie Ersteren Halt und Stabilität – sie sorgt (mit) dafür, dass ihr Herz nicht zerbricht. Besonders häufig sind das Frauen und Männer, die selbständig sind und schon von klein auf wussten, was sie mal werden wollten, oder auch Menschen, die helfenden, sozialen Berufen nachgehen und ihre Tätigkeit deshalb als besonders sinnvoll erleben.

Nun kann natürlich nicht jeder von uns persönliche Selbstverwirklichung in seiner Arbeit finden. Denn zum einen gibt es viele Jobs, die für das Funktionieren unserer Gesellschaft zwar unverzichtbar, aufgrund ihrer Rahmenbedingungen aber eher ungeeignet zur Selbstverwirklichung sind. Zum anderen können die Umstände dazu führen, dass man seiner Wunschausbildung nicht nachgehen kann oder in finanzielle Verpflichtungen gerät, die wenig Spielraum für berufliche Experimente lassen, und Ähnliches. Deshalb möchte ich, dass Du Dich jetzt ganz ehrlich fragst: Hast Du aus Deiner persönlichen Jobsituation aktuell für Dich das Beste gemacht?

Falls Du diese Frage mit Nein beantworten musst, dann überleg bitte, warum das so ist. Gibt es unumstößliche äußere Zwänge oder Faktoren, die Dir keine andere Möglichkeit lassen? Oder sind es eher Ängste, Unsicherheit oder Bequemlichkeit, die Dich davon abhalten – und die Du in Zukunft vielleicht überwinden könntest?

Sofern Du nun Chancen und/oder den Bedarf siehst, etwas am Status quo zu ändern, werde so bald wie möglich aktiv: Spiel verschiedene Szenarien im Kopf durch, wie Du Deine Arbeitsbedingungen im aktuellen Job zugunsten Deiner Bedürfnisse verbessern könntest (zum Beispiel durch andere Arbeitszeiten, neue Herausforderungen und Ziele, Weiterbildungen, ein Ehrenamt neben dem Hauptjob etc.). Du kannst Stellenanzeigen durchforsten, Dich über Wege in die Selbständigkeit informieren, Dir weiterführende Literatur zum Thema besorgen (ein paar Anregungen hierzu findest Du hinten in den Lese-Tipps) oder eine professionelle Beratung durch einen Job-Coach in Anspruch nehmen. Dein Ziel muss es nicht gleich sein, den einen, vollkommen erfüllenden Traumjob zu finden (was natürlich phantastisch wäre!) – aber versuch, Dein Berufsleben erst mal so zu optimieren, dass es Dir möglichst viel Gelegenheit bietet, Dich zufrieden, stolz, fröhlich, wertvoll und einfach gut zu fühlen.

Viele Menschen messen den Wert einer Arbeit daran, wie viel Einkommen sie bringt. Und natürlich: Mit dem, was man tut, gutes Geld zu verdienen kann auch eine Glücksquelle sein. Außerdem ermöglicht Geld einem andere tolle Dinge wie Hobbys und Reisen. Dennoch möchte ich behaupten: Kein Geld dieser Welt kann es aufwiegen, wenn jemand einem Job nachgeht, der ihm keine Freude macht. Oder anders gesagt: Auf Geld kannst Du eher verzichten als auf Lebensglück! Manchmal ist es sinnvoll, den ein oder anderen Euro weniger zu haben, aber dafür einen Job, der Spaß macht.

Freizeit: Alles, was einfach nur Spaß macht!

Ich muss ehrlich zugeben, dass ich immer wieder erstaunt bin, wie vielen Leuten auf die Frage »Was für Hobbys hast Du?« spontan erst mal keine richtige Antwort einfällt. »Hobbys? Hm. Ich weiß nicht. Manchmal lese ich ganz gern oder sehe fern«, sagen die einen. »Wenn ich nichts zu tun hab, gehe ich shoppen«, die anderen. »In meiner Freizeit habe ich ja immer was mit meinem Partner unternommen« oder »Seit der Trennung arbeite ich einfach so viel, dass mir gar keine freie Zeit mehr bleibt …«

Der Duden nennt als Synonyme für »Hobby« die Begriffe »Leidenschaft«, »Liebhaberei« und »Passion«. Laut Wikipedia ist es außerdem »eine Tätigkeit, die der Ausübende freiwillig und regelmäßig betreibt, die dem eigenen Lustgewinn oder der Entspannung dient und zum eigenen Selbstbild beiträgt«. Ein Hobby ist also viel mehr als eine bloße Möglichkeit, Zeit totzuschlagen. Ein Hobby ist eine Beschäftigung, die mir so viel Spaß macht, dass ich immer wieder Zeit mit ihr verbringen will und die so zu einem Teil meiner persönlichen Identität wird – erst mal unabhängig von einem anderen Menschen. Und genau deshalb haben Hobbys das Potential, Quellen des Glücks zu werden.

Nicht zu unterschätzen ist jedoch, dass es gar nicht so leicht ist, ein Hobby aus den richtigen Gründen auszusuchen. Viele von uns machen Sport, weil er gesund ist. Viele von uns lesen, weil es bildet. Viele von uns pflegen ihren Garten, damit die Nachbarn ihnen Komplimente machen. Aber damit ein Hobby zur Glücksquelle wird, ist viel entscheidender, dass es wirklich Spaß macht! Das heißt also, es *kann*, aber es *muss* nicht sinnvoll und vernünftig sein. Hauptsache, Du freust Dich und fühlst Dich wohl, (auch) schon während Du damit beschäftigt bist.

Vielleicht hast Du bisher noch kein solches Hobby gefunden. Dann ist jetzt ein guter Zeitpunkt, Dich auf die Suche zu machen! Und zwar, indem Du Dinge testest. Nimm Deine Ergebnisse aus den Übungen, die Du gerade gemacht hast (Kindheitsthemen, Beschäftigungen, bei denen Du die Zeit vergisst), als Ausgangslage, aber dann zerbrich Dir nicht zu lange den Kopf darüber, was theoretisch perfekt zu Dir passen könnte. Jetzt heißt es: Ausprobieren, ausprobieren, ausprobieren! Die Liste an Möglichkeiten ist unendlich lang. Die eine malt, der andere spielt Golf, einer liebt Geocaching, die Nächste restauriert Stühle. Eine Kundin hat mir sogar mal erzählt, dass sie mit dem Sulky-Fahren angefangen hat – das sind die zweirädrigen Wagen, die die Rennpferde beim Trabrennen hinter sich herziehen. Deiner Phantasie sind keine Grenzen gesetzt!

Zwei Anregungen möchte ich Dir noch mit auf diesen Weg geben:

1. Natur macht glücklich. Das belegen wissenschaftliche Studien immer wieder. Menschen, die viel Zeit in der Natur verbringen, fühlen sich glücklicher und sind sogar seelisch gesünder als Menschen, die sich meist in geschlossenen Räumen (beziehungsweise in Städten ohne Parks) aufhalten. Das hat rein biologisch betrachtet sicher mit dem Einfluss des Sonnenlichts auf unseren Körper zu tun. Außerdem geht es aber um das Gefühl der Ursprünglichkeit, der Verbundenheit mit der Natur und den Gedanken, Teil eines großen Ganzen zu sein. Wenn Du schon mal länger im Wald, am Meer oder in den Bergen warst, weißt Du ganz sicher, wovon ich rede. Vielleicht fallen Dir also Aktivitäten ein, die viel mit Natur oder auch Tieren zu tun haben – dann würde ich Dir empfehlen, diese in jedem Fall auf ihre Hobby-Tauglichkeit zu testen!

2. Du musst Dich nicht allein auf die Suche machen! Wenn es Dir anfangs schwerfällt, Dinge zu planen und Dich aufzuraffen, dann hilf Dir selbst auf die Sprünge, indem Du für Begleitung sorgst. Das kann bedeuten, dass Du Freunden bei ihren Freizeitaktivitäten Gesellschaft leistest und so mal schaust, ob sie auch für Dich etwas sein könnten. Oder Du fragst jemanden, ob er Lust hat, das eine oder andere zusammen mit Dir auszuprobieren. Ich weiß, ich wiederhole mich, aber was zählt, ist: Leg los!

Familie, Freunde, Zwischenmenschliches

Zwischenmenschliche Beziehungen gehören, wie wir schon gesehen haben, für uns alle zu den wichtigsten Quellen des Glücks. Fast wie die Luft zum Atmen brauchen wir Menschen, denen wir uns nahe fühlen, von denen wir so akzeptiert werden, wie wir sind. Die für uns da sind, um mit uns zu weinen, genauso, wie um mit uns zu lachen. Aber gerade Frauen und Männern, die ihr Lebensglück zu stark auf Partnerschaft fokussieren, fällt es häufig schwer, tiefe, ehrliche und verbindliche Kontakte zu anderen Personen als dem Partner aufzubauen – was Teil ihres persönlichen Teufelskreises ist. Wer diesen Teufelskreis durchbrechen will, muss sich seinen persönlichen Baustellen (mangelnde Selbstliebe, mangelndes Selbstvertrauen etc.) widmen. Aber gleichzeitig kann er ein paar ganz praktische Dinge tun, um die Glücksquelle »Familie, Freunde, Zwischenmenschliches« anzuzapfen. Wichtig ist, offener, positiver und vor allem aktiver auf andere Menschen zuzugehen.

Das fängt mit Kleinigkeiten an: Hast Du zum Beispiel mal getestet, was passiert, wenn Du fremde Leute, die Dir irgendwo begegnen, einfach freundlich anlächelst, ohne konkreten Grund? Falls nicht, dann probier es bei nächster Gelegenheit aus! Du wirst wahrscheinlich überrascht sein, wie viele von ihnen Dein Lächeln erwidern und wie gut sich das für Dich anfühlt. Denn auch wenn diese Frauen und Männer natürlich keine Vertrauten sind: Zwischenmenschliche Nähe findet auf vielen Ebenen statt und kennt viele verschiedene Ausdrucksformen. Wie die

US-Psychologin Barbara Fredrickson es formuliert: Liebe hat nicht zwangsläufig mit einer exklusiven, dauerhaften oder sexuell orientierten Beziehung zu tun. Sie ist eine zwischenmenschliche Erfahrung, die sich dadurch auszeichnet, dass im direkten Kontakt zwischen zwei Personen positive Emotionen und gegenseitiges Interesse beziehungsweise Fürsorge erlebt werden. Vielleicht kennst Du solche Begegnungen besonders aus Phasen, in denen Du verliebt und so »voller Liebe« warst, dass Du herzlich und positiv auf andere Menschen zugehen konntest. Der Volksmund spricht von »die ganze Welt umarmen«. Und auch, wenn es erst mal vielleicht ein bisschen verrückt und ungewohnt klingt: Auch dazu möchte ich Dir raten. Umarme Menschen, lass Dich umarmen. In diesem Fall natürlich nicht Wildfremde, sondern Freunde, Angehörige, Arbeitskollegen. Suche regelmäßig Körperkontakt.

»Berührungen verbinden, sie stellen automatisch Nähe zwischen zwei Menschen her«, hat auch der Arzt Werner Bartens festgestellt. Nicht nur Säuglinge und Kleinkinder, die durch fehlende körperliche Zuwendung in ihrer Entwicklung zurückbleiben und krank werden, sondern auch Erwachsene sind »extrem von den Berührungen anderer abhängig«. Ohne Berührungen, so Bartens, »spüren wir das Leben nicht mehr, vereinsamen und werden uns und anderen fremd. (...) Berührungen kommen zwar von außen, wirken aber vor allem nach innen. Sie erfassen zwar den ganzen Körper, aber besonders gehen sie zu Herzen.« Das gilt für alle angenehmen Berührungen, nicht nur die eines Partners. Googele mal nach »Oxytocin« oder »Kuschel-Hormon«, wenn Dich der medizinische Zusammenhang genauer interessiert.

Aus der Positiven Psychologie stammt die Übung von den »kleinen Gesten der Freundlichkeit«, die ich hier mit Daniela Blickhans Worten zitiere: »Sei es, dass man an der Kasse jemandem mit Kleingeld aushilft, ein Kind bei den Hausaufgaben unterstützt oder einer alten Dame über die Straße hilft. Die Pfadfinderweisheit ›Jeden Tag eine gute Tat‹ hält (...) langfristig psychisch gesund.« Sicher kannst auch Du in Deinem Alltag viele Gelegenheiten finden, anderen Leuten eine kleine Freude zu machen oder einfach ein freundliches Gespräch zu beginnen. Nutze mindestens einmal am Tag eine solche Chance. Wie beim Anlächeln wirst Du zunächst Deine natürliche Hemmschwelle überwinden müssen, Dich aber anschließend wundern, wie viele Leute dankbar und interessiert auf Deinen Vorstoß reagieren. Denn die meisten von uns wünschen sich insgeheim mehr Kontakt – wenn uns nicht Schüchternheit, Ängste und auch die typisch »deutsche« Reserviertheit im Wege stehen würden.

Was ich von frisch Getrennten zudem besonders häufig höre, sind Sätze wie »Ich finde es so mühsam, dass ich meine Freizeit jetzt wieder Tage im Voraus mit anderen Leuten planen muss. Zum Beispiel war mein Partner an den Wochenenden ja immer ganz selbstverständlich für mich da. Das ist mir alles zu anstrengend« oder »Oft sitze ich nach der Arbeit allein rum, weil ich versäumt habe, mich rechtzeitig um was zu kümmern. Und so spontan hat dann niemand mehr für mich Zeit.«

Und ja: Verlässlichkeit und Selbstverständlichkeit sind natürlich zwei Vorteile, die eine Partnerschaft in den meisten Fällen mit sich bringt. Aber wichtig zu erkennen ist: Sie sind nicht auf Partnerschaft beschränkt. Hierzu hatte ich im Sommer 2015 ein interessantes Gespräch mit einem jungen Mann, der nach zweijähriger Beziehung von seiner Freundin verlassen worden war. »Der Unterschied zwischen ihr und mir jetzt nach der Trennung ist: Sie ist nie allein, ohne dass sie sich um irgendetwas kümmern muss«, berichtete er mir. »Ihr Freundeskreis ist eine richtige Clique. Manchmal treffen sich alle zusammen, manchmal sind es nur zwei oder drei, aber man kann sich immer anschließen, weil eben jeder mit jedem befreundet ist.« Wie das bei ihm denn sei, wollte ich natürlich wissen. »Ich habe viele tolle Freunde«, antwortete er mir. »Aber die kennen sich untereinander nicht oder zumindest nicht gut. Ich muss mit jedem einzeln planen, und jeder hat auch noch andere Freunde, die ich wiederum nicht kenne. Wenn die zum Essen gehen, fragt mich niemand automatisch, ob ich mitwill, und andersherum auch nicht. Das ist irgendwie separiert. Auch deswegen kommt nie diese Selbstverständlichkeit auf.«

Aus seiner Schul- oder Studienzeit kennt fast jeder von uns Cliquen. Im Erwachsenenalter jedoch verlaufen sie sich durch Umzüge, verschiedene Lebenspläne oder Partnerschaften meist. Leider. Denn neben einer Beziehung und dem Zusammenhalt einer Familie sind sie eine weitere Möglichkeit, eine verlässliche, selbstverständliche Quelle zwischenmenschlicher Nähe für sich aufzubauen. Was kannst Du also tun, wenn Du ein ähnliches Problem bei Dir erkennst, wie der junge Mann es hatte?

Zunächst einmal: Mach Deine Freunde miteinander bekannt! Lad alle zum Essen zu Dir nach Hause ein, gib Anstöße für gemeinsame Aktivitäten. Das klingt sicher etwas konstruiert – aber wie jede gute Paarbeziehung leben auch Freundschaften davon, dass man sie pflegt. Wenn Du die Menschen in Deinem Umfeld auf diese Weise miteinander in Kontakt bringst, wirst Du schon bald merken, dass gerade diejenigen, die ungebunden sind, sich über die neu entstehende Clique freuen. Das Bedürfnis nach einem stabilen Netz aus sozialen Kontakten ist keine Frage des Alters – nur die Fähigkeit, ein solches aufzubauen, lässt mit zunehmendem Alter nach. Zumindest im echten Leben. Und damit wären wir auch schon beim nächsten Thema:

In der virtuellen Welt der Social Media sind viele von uns regelrechte Netzwerker. Wie schnell kann ein »Freundeskreis« bei Facebook aus 500 oder mehr Kontakten bestehen! Was man aber nicht aus den Augen verlieren darf: Eine virtuelle Unterhaltung wird niemals ein echtes Gespräch ersetzen. Denn damit im Austausch mit einem anderen Menschen echte Nähe entsteht, sind neben den bloßen Inhalten auch Körpersprache, Berührungen oder Blicke wichtig.

Gerade Frauen und Männer, die aufgrund eines schwachen Selbstwertgefühls Probleme mit Nähe haben, verstecken sich schnell hinter den Möglichkeiten der virtuellen Kommunikation. Das ist nachvollziehbar! Aber um Deine Quellen des Glücks zu stärken, ist es dennoch unerlässlich, raus ins echte Leben zu gehen. Schreib Dir mit Deinen Freunden, Bekannten oder Geschwistern nicht stundenlang SMS – sondern investiere die Zeit, um sie live zu sehen. Wenn Dir besonders gut gefällt, was jemand macht, gib ihm nicht nur ein »Like« per Mausklick, sondern ruf ihn an und sag es ihm. Und anstatt mit Deinen Freunden bei Facebook immer nur die schönsten Momente aus Deinem Leben zu teilen, triff jemanden und erzähl ihm auch von Deinen Ängsten und Sorgen.

Weil der Schmerz, der dazu führt, dass ein Mensch sein ganzes Lebensglück von Partnerschaft abhängig macht, meist in der Kindheit entsteht, kommt der Familie bei der Suche nach den eigenen Quellen des Glücks eine besondere Rolle zu. Ich möchte Dir raten, zu hinterfragen, wie herzlich, wie tief und auch wie körperlich die Beziehung zu Deinen Eltern und/oder Geschwistern und anderen Angehörigen wirklich ist. Sehnst Du Dich insgeheim nach mehr Rückhalt, mehr Nähe zu ihnen? Und hättest Du die Möglichkeit, etwas dafür zu tun? Bereits ein paarmal durfte ich miterleben, wie eine ganze Familie auf neue Weise zueinandergefunden hat, weil ein Familienmitglied mit Liebeskummer plötzlich Gespräche über verdeckte Konflikte initiierte oder sogar eine Familientherapie vorschlug. Ein solcher positiver Effekt ist das beste Beispiel dafür, wie Liebeskummer zu einer riesigen Chance werden kann. Eltern und Kinder, die sich jahrelang zur Begrüßung nur die Hand geschüttelt hatten, nahmen sich plötzlich fest in den Arm. Ein schweigsamer Vater schrieb seinem Sohn einen rührenden Brief und versicherte ihm, dass seine jahrelange Kritik immer nur ein Ausdruck von Sorge und niemals von Missbilligung gewesen sei.

Also, hier noch mal ein Resümee der letzten Seiten: Investiere viel Zeit und Energie in Deine Freunde. Tu anderen Menschen etwas Gutes und geh offen und positiv auch auf

Fremde zu. Such regelmäßig Körperkontakt. Hinterfrag die Beziehung zu Deiner Familie und werde gegebenenfalls der Initiator für mehr Nähe. Diese Schritte erfordern Mut und Ehrlichkeit, und ganz sicher wirst Du auf Deinem Weg auch das eine oder andere Mal enttäuscht werden – dann nämlich, wenn Menschen nicht so reagieren, wie Du es Dir erhofft hast, schlimmstenfalls sogar über Dich lachen oder Deine Offenheit ablehnen. In solchen Momenten mach Dir bewusst: In jedem von uns steckt ein verletzlicher, fehlbarer und ängstlicher Kern. Die Reaktion anderer Leute hat meist viel mehr mit ihnen selbst als mit Dir zu tun. Lass Dich deswegen nicht abschrecken und probier es beim Nächsten.

Die Frage nach dem Sinn

Was ist eigentlich der Sinn Deines Lebens? Hast Du Dich das schon einmal gefragt? Bestimmt. Aber hast Du auch eine Antwort gefunden?

Die Frage nach dem Lebenssinn ist eine der ältesten und wichtigsten Fragen der Welt. Und das mit gutem Grund: Sie hat das Potential, uns sehr glücklich zu machen. Denn wer einen bestimmten Sinn in seinem Leben sieht, der wird von ihm wie von einem Kompass zu all den Dingen geleitet, die ihm guttun. Ein persönlicher Lebenssinn hilft uns, Entscheidungen zu treffen und Unwegsamkeiten und Krisen besser zu überstehen – weil wir durch ihn nie das große Ganze, unseren Leitstern, aus den Augen verlieren. Fehlt uns hingegen die Überzeugung, dass unser Leben einen bestimmten Sinn hat, neigen wir Menschen dazu, traurig zu werden und uns zurückzuziehen: Nicht von ungefähr ist das Gefühl der Sinnlosigkeit ein Hauptsymptom der Depression.

Früher gab die Religion den meisten Menschen Sinn und Orientierung: Es war Gottes Wille, dass man auf der Welt war, und deshalb hatte man sein Leben möglichst nach Gottes Regeln zu gestalten. Zumindest bei uns in Deutschland ist das inzwischen kaum noch der Fall. Immer weniger junge Leute gehören überhaupt einer Konfession an. Für die Funktion, die bei unseren Großeltern die Religion erfüllte, müssen wir also einen Ersatz finden. Das bedeutet: Jeder von uns muss die Frage nach dem Lebenssinn für sich neu klären.

Der Journalist Markus Günther hat im September 2014 einen Artikel über die »Ersatzreligion Liebe« geschrieben, der mich sehr nachdenklich gemacht hat. Ich habe ihn vielen Frauen und Männern mit Liebeskummer zu lesen gegeben, und fast jeder von ihnen hat erst mal geschluckt – mir dann aber gesagt, wie viel Wahres er in diesem Text wiederfinden konnte. Deshalb habe ich beschlossen, auch Dir an dieser Stelle von Günthers Kernaussage zu berichten.
Sie lautet: Viele Frauen und Männer haben die Liebe zu ihrer Ersatzreligion erkoren – natürlich nicht bewusst, sondern dadurch, dass sie Partnerschaft zu ihrem Lebenssinn machen.

»Der Weg zum Glück ist die leidenschaftliche Zweisamkeit, das einzige Ziel des Lebens ist es, Mr oder Mrs Right

zu finden. (...) Die höchsten Feiertage dieser Religion heißen Valentinstag, Hochzeitstag, Geburtstag. Wer sie nicht angemessen würdigt, wird mit Liebesentzug bestraft. Die Grundgebete: Ich liebe dich. Du bist mein Ein und Alles. Ich bin total verrückt nach dir. Die Sakramente: Zungenküsse, Sex. Das sakrale Erkennungszeichen: rotes Herz. Die Ikonen: Fotos von UNS. Der Altar, der Ort der Erlösung: das Bett. Die Hymnen: UNSERE Songs. Die Heilige Schrift: UNSERE Liebesbriefe.«

Der Artikel ist provokant. Und auch, wenn seine Thesen sich teilweise natürlich in meinem »Herzbild« wiederfinden lassen, würde ich nicht so weit gehen, zu sagen, dass Liebe und Partnerschaft auch für Dich möglicherweise eine »Ersatzreligion« sind. Denn das klingt mir zu sehr nach blindem Fanatismus und lässt die zahlreichen und komplexen Gründe, Lebensglück in der Partnerschaft zu suchen, außer Acht.

Was ich Dir aber raten will, ist, Dich im Rahmen der Suche nach Deinen Quellen des Glücks wieder einmal ernsthaft damit auseinanderzusetzen, worin Du den Sinn Deines Lebens siehst. Bist Du im spirituellen Sinne gläubig oder nicht? Woran glaubst Du ansonsten? Und welche Konsequenzen, welche Wertvorstellungen und Ziele bringt diese Überzeugung mit sich? Die Antworten darauf werden Dir Deinen Weg vermutlich sehr erleichtern.

Interessanterweise hat eine Freundin, die »Goodbye Herzschmerz« vor der Manuskriptabgabe für mich Probe gelesen hat, mich anschließend als Allererstes zu dieser Stelle befragt. Sie kennt mich sehr gut und weiß, dass ich nicht religiös bin und dass es mir auch sonst schwerfällt, an irgendeine höhere Existenz zu glauben. »Worin siehst Du denn nun eigentlich Deinen Lebenssinn?«, wollte sie von mir wissen. »Im Kümmern? Im Helfen?« Aber nein, das ist es nicht. Meiner Überzeugung nach ist der einzige Sinn meines Lebens, es so zu verbringen, dass ich an seinem Ende einmal das Gefühl haben werde, wirklich gelebt und das Beste aus meinen Möglichkeiten gemacht zu haben. Und ich will andere Menschen dabei unterstützen, für sich das Gleiche zu tun.

Jeder Weg beginnt mit einem ersten Schritt!

Nach dem Lesen der letzten Seiten bist Du nun vielleicht erst mal k.o., weil Du so einen Rundumschlag von einem Liebeskummer-Ratgeber nicht erwartet hast. Und weil der Weg, der da theoretisch vor Dir liegt, Dir ganz schön mühsam und lang erscheint. Zu allem Überfluss sage ich Dir jetzt noch Folgendes: Ich kann Dich weder damit beruhigen, dass das alles total einfach und angenehm, noch damit, dass es schnell gehen wird. Im Gegenteil, vermutlich braucht es sogar noch mehr Zeit, als Du gerade denkst.

Was ich Dir aber versprechen kann: Ich habe im Laufe der letzten fünf Jahre viele Frauen und Männer erlebt, die diesen Weg gegangen sind, und keine Einzige und kein Einziger von ihnen hat es bereut. Denn Deine Quellen des Glücks machen Dich frei, sie machen Dich unabhängig und ermöglichen Dir nebenbei, auf ganz neue Weise zu lieben. Weil ein Partner für Dich plötzlich nicht mehr

»überlebensnotwendig«, sondern eine positive Ergänzung sein wird. Auf der Basis eines stabilen Glücksherzens wählst Du den Menschen an Deiner Seite nach ganz neuen Kriterien aus und beachtest auch in einer Partnerschaft, was Dir guttut und was nicht.

Außerdem, auch wenn das auf keinen Fall Dein Anreiz sein sollte: Häufig habe ich beobachtet, dass jemand für seinen Expartner plötzlich wieder attraktiv wurde, nachdem er begonnen hatte, sich seinen anderen Glücksquellen zu widmen. Meist wollte er den anderen dann allerdings gar nicht mehr zurück! Bei der Suche nach den Quellen des Glücks geht es nur um einen einzigen Menschen: um Dich.

♥ Kapitel 9 ♥

Goodbye Herzschmerz!

Nun sind wir schon fast am Ende angekommen. Ich habe Dich über die größten Irrtümer des Liebeskummers aufgeklärt, Dir die Schritte gezeigt, mit denen Du Dein gebrochenes Herz reparieren kannst und wie Du es mit Hilfe der Glücksherz-Methode® für die Zukunft stabiler machst und dadurch erneuten schweren Liebeskummer verhinderst. Zum Abschluss möchte ich, dass Du aus diesem Buch neben allen Details die folgenden Gedanken mitnimmst:

> Dein Liebeskummer tut weh, und es ist mit großer Wahrscheinlichkeit unfair, dass es ausgerechnet Dich trifft. Ich verstehe Deinen Schmerz, und es tut mir so leid, wie schlecht es Dir geht! Da jedoch keiner von uns beiden (oder irgendjemand sonst) Deinen Ex- oder Wunschpartner dazu zwingen kann, Dich zu lieben und mit Dir zusammen zu sein, gibt es nur zwei Wege: Du kannst versuchen, Dich gegen den Kummer und den Zustand des vorübergehenden Single-Seins zu wehren, indem Du Dir negative Gedanken machst, wütend bist oder

Dich als Opfer fühlst. Oder Du kannst Dir sagen, dass Dein Kummer zwar gerechtfertigt ist, es aber dennoch allein in Deiner Hand liegt, für Dich persönlich und Deine kostbare Lebenszeit die Chance dieser Krise zu nutzen. Indem Du Dir selbst wieder auf die Beine hilfst und Dich dann auf den Weg machst, um Deine anderen Quellen des Glücks (wieder) zu finden.

Wenn der Schriftzug für das Cover nicht zu lang gewesen wäre und es außerdem nicht so holprig geklungen hätte, hätte ich mir gewünscht, dass dieses Buch nicht »Goodbye Herzschmerz«, sondern »Auf Nimmerwiedersehen, schlimmer Herzschmerz!« hieße. Denn genau das ist es, was ich mir für Dich wünsche: dass Du nach seiner Lektüre nie wieder ein zerbrochenes Herz haben wirst!

Ich wünsche Dir von ganzem Herzen alles Liebe,
Deine Elena

PS: Wenn Du möchtest, dann lass mich unter *meinegeschichte@die-liebeskuemmerer.de* an Deinen Gedanken zum Liebeskummer im Allgemeinen und zu »Goodbye Herzschmerz« sowie Deiner Suche nach den Quellen des Glücks teilhaben. Ich kann nicht jede Nachricht beantworten, lese aber alles und nehme es in unseren Erfahrungsschatz im Kampf gegen den Liebeskummer auf.

♥ Kapitel 10 ♥

Die FAQ zum Liebeskummer

In den frequently asked questions zum Liebeskummer habe ich noch einmal die neun Fragen gesammelt, die den *Liebeskümmerern* in den vergangenen Jahren am häufigsten begegnet sind. Manche von ihnen wurden auf den hinter uns liegenden Seiten zwar schon behandelt, ich möchte sie an dieser Stelle aber noch einmal zusammenfassen, um Dir einen schnellen Überblick zu geben.

Leiden Frauen stärker unter Liebeskummer als Männer?

Definitiv nein. Frauen und Männer gehen in den meisten Fällen nur unterschiedlich mit ihrem Liebeskummer um, so dass schnell der Eindruck entsteht, dass Frauen stärker leiden würden: Die »Durchschnittsfrau«, die Liebeskummer hat, spricht mit den ihr nahestehenden Menschen offen über ihren Schmerz und zieht sich gleichzeitig ein wenig aus dem öffentlichen Leben zurück – Sofa statt Drinks an der Bar. Männer hingegen machen den Liebeskummer in der Regel mit sich selbst aus, teilen sich niemandem mit, aber gehen viel aus dem Haus, um sich abzulenken: zum Sport, mit den Freunden auf ein Bier, auch One-Night-Stands sind schnell wieder drin. So versuchen sie den Kummer zu verdrängen und sich die vermeintliche Schwäche nicht anmerken zu lassen – nach dem Motto »Ein Indianer kennt keinen Schmerz«. Nach einer Trennung bekommt *sie* deshalb häufig den Eindruck, dass *er* »schon längst über sie hinweg ist«, »gar nicht mehr an sie denkt«. Bei den *Liebeskümmerern* kennen wir beide Seiten, weshalb ich sicher sagen kann: Das ist ein Irrtum. Wenn der Liebeskummer erst mal zuschlägt, tut er beiden Geschlechtern gleichermaßen weh!

Was ich allerdings nicht eindeutig beantworten kann, ist die Frage, ob Männer und Frauen auch gleich häufig an wirklich schwerem Liebeskummer leiden. Bisher gibt es keine Studie, die darüber eindeutig Auskunft geben würde. Es ist also nur eine Vermutung, wenn ich sage: Ich glaube, dass Männern im Schnitt seltener das Herz komplett zerbricht. Warum? Weil viele Männer allein schon aufgrund ihrer jahrhundertlang geprägten Rolle als »Ernährer« wesentlich selbstverständlicher weitere Quellen des Glücks neben ihrer Beziehung pflegen – an allererster Stelle die Karriere und die berufliche Selbstverwirklichung. Auch wenn sich in dieser Hinsicht durch die Emanzipation zum Glück schon so vieles verändert hat, verschwindet das klassische (Selbst-)Bild der Frau, die ihren Lebenssinn in Partnerschaft und Familiengründung findet, eben nicht so schnell aus den Köpfen – und den Herzen. Aber wie gesagt: Das ist nur eine Hypothese, die ich nicht belegen kann. Grundsätzlich würde ich mir wünschen, dass die Wissenschaft sich dem Thema Liebeskummer in Zukunft noch aus vielen verschiedenen Perspektiven widmet.

Wie finde ich einen Psychotherapeuten oder Coach, und welche Unterschiede gibt es?

Manchmal frage ich mich wirklich, wie man sich als Mensch, der noch nie mit Psychotherapie, psychologischer Beratung oder Coaching in Berührung gekommen ist, im Dschungel der Methoden und Anbieter zurechtfinden soll. Und ich befürchte, dass allein die Tatsache, dass es so kompliziert ist, viele Frauen und Männer davon abhält, sich Hilfe zu suchen. Deswegen möchte ich Dir hier bezogen auf Liebeskummer und die Suche nach den Quellen des Glücks einen kurzen Überblick geben, damit Du zumindest ein paar Anhaltspunkte hast.

Zunächst kann man verschiedene Arten von »professioneller Hilfe« im psychologischen Sinn unterscheiden:

- Die **Psychotherapie** ist eine mittel- bis langfristig, also über mehrere Wochen bis viele Monate angelegte Betreuung durch einen Arzt oder Diplom-Psychologen mit entsprechender Zusatzausbildung oder einen Heilpraktiker für Psychotherapie, der eine Prüfung beim Gesundheitsamt abgelegt hat (»Psychotherapeut« dürfen sich allerdings nur Ärzte und Diplom-Psychologen beziehungsweise für Jugendliche auch Pädagogen nennen). Es gibt verschiedene Methoden der Psychotherapie, wie beispielsweise die Gesprächstherapie, die Verhaltenstherapie, die Körperpsychotherapie und vieles mehr. Einige werden von den Krankenkassen anerkannt und dann, sofern der Therapeut eine Kassenzulassung besitzt, auch bezahlt. Eine Psychotherapie macht vor allem dann für Dich Sinn, wenn Du vermutest, dass Dein Liebeskummer das Symptom eines tiefer liegenden seelischen Problems ist, wenn es Dir sehr schlechtgeht oder Du unter Selbstwertproblemen, innerer Leere oder Isolation leidest. Kein Therapeut dieser Welt wird Dich schief angucken, wenn Du wegen Liebeskummer zu ihm kommst! Denn jeder Mensch, der sich professionell mit seelischen Problemen beschäftigt, weiß, wie schmerzhaft und auch folgenreich der Kummer mit der Liebe sein kann. Wenn Du eine Psychotherapie für Dich in Erwägung ziehst, schau am besten auf die Website des Vereins Pro Psychotherapie, www.therapie.de. Hier findest Du nicht nur Informationen zu den einzelnen Therapieverfahren, sondern auch eine Suchmaschine für Therapeuten in Deiner Nähe.

– **Coaching und psychologische Lebensberatung** sind im Unterschied zur Psychotherapie eher kurz- bis mittelfristig angelegt, und die Ausbildungswege der Anbieter sind nicht so gut geregelt wie im Bereich der Psychotherapie. Lapidar gesagt: Coach nennen kann sich bisher in Deutschland leider jeder, denn der Begriff ist nicht geschützt. Das bedeutet allerdings keinesfalls, dass Coachs und auch psychologische Lebensberater keine großartige Arbeit leisten können. Gerade, wenn es um konkrete Fragestellungen (wie zum Beispiel die berufliche Selbstverwirklichung) geht, sind sie im Vergleich zum Psychotherapeuten die eher zielorientierten und meist passenderen Begleiter. Besonders wichtig ist, dass Du Dich bei der Auswahl Deines Coachs/Beraters genau über dessen Ausbildung informierst. Auf der Website des Deutschen Verbands für Coaching und Trainer findest Du eine sehr übersichtliche Suchmaschine, mit deren Hilfe Du die Coachs und Berater in Deiner Nähe nach thematischen Schwerpunkten (Karriereplanung, Neuorientierung, Identität und Persönlichkeit etc.) filtern kannst: www.dvct.de. Im Unterschied zur Psychotherapie wird ein Coaching/eine Beratung nicht von der Krankenkasse gezahlt.

Wohin kann ich mich wenden, wenn ich Suizidgedanken habe?

Wenn Du Suizidgedanken hast, such Dir bitte, bitte Hilfe! Sofort! Kein Liebeskummer dieser Welt ist es wert, dass Du Dein eigenes Leben in Frage stellst. Du kannst rund um die Uhr an sieben Tagen in der Woche jemanden erreichen, der jetzt für Dich da ist, telefonisch, persönlich oder im Internet:

Per Telefon:

- Polizei/Rettungsdienst: Jederzeit kannst Du die Polizei und den Rettungsdienst unter 110 oder 112 anrufen.
- Telefonseelsorge: Die Telefonseelsorge hat in Deutschland die Rufnummer 0800 111 0 111. Sowohl vom Handy als auch aus dem Festnetz kannst Du dort kostenfrei anrufen und erreichst ausgebildete Berater. In Österreich hat die Telefonseelsorge die Rufnummer 142, in der Schweiz ist es die 143.

Vor Ort:

— Psychiatrischer Notdienst in Krankenhäusern: Wende Dich an ein Krankenhaus in Deiner Nähe. Dort wird man Dir den Kontakt zum psychiatrischen Notdienst herstellen – bei Suizidgefahr wird Dir dort sofort geholfen, indem Du stationär aufgenommen und behandelt wirst.
— Dein Hausarzt: Auch Dein Hausarzt (beziehungsweise jeder niedergelassene Allgemeinmediziner) kann die entsprechenden Schritte in die Wege leiten. Äußere Deine Suizidgedanken ihm gegenüber ggf. klar und deutlich.
— Freunde, Familie: Möglicherweise fällt es Dir leichter, mit einem vertrauten Menschen darüber zu sprechen, dass Du Hilfe brauchst – dann bitte Freunde oder Familienmitglieder, Dich zu unterstützen.

Im Internet:

Auf der Website des Vereins »Freunde fürs Leben« findest Du alle Informationen zu Hilfsangeboten sowie zu Suizidalität, Depressionen und ihren Ursachen im Allgemeinen: www.frnd.de

Mein Expartner und ich sind gemeinsam Eltern. Habt Ihr spezielle Ratschläge für mich?

Kurz nachdem im Herbst 2013 »Schluss mit Kummer, Liebes!« in die Buchhandlungen gekommen war, kontaktierte mich eine Leserin. Sie habe die Kurzgeschichten supergern gelesen und viel Tröstliches für sich selbst mitnehmen können, schrieb sie mir, aber ihr habe ein Beispiel gefehlt, in dem ein getrenntes Paar gemeinsam Eltern sei: »Ich kann den Kontakt zu meinem Exmann nicht abbrechen, obwohl ich das gern würde, weil er eben der Vater meiner Tochter ist, wir teilen uns das Sorgerecht. Jedes Mal, wenn er sie abholt oder wir ihretwegen etwas zu besprechen haben, reißen meine Wunden wieder auf. Was können Sie mir und vielen anderen Frauen und Männern in der gleichen Situation raten, Frau Sohn?«

Tatsächlich ist es so, dass »Liebeskummer mit Kind« ganz spezielle Herausforderungen mit sich bringt. Gleichzeitig erlebe ich es häufig aber auch, dass die Betroffenen Halt in ihrer Elternrolle finden, die so voll von Liebe und natürlich auch Verantwortung ist. Als erste Hilfe würde ich die folgenden Tipps geben:

— Klarheit in die Situation zu bringen ist nach einer Trennung für Frauen und Männer, die gemeinsam Eltern sind, besonders wichtig – und zwar emotional wie praktisch. Bitte beachte hierzu den Abschnitt »Für klare Verhältnisse sorgen« aus den zehn Maßnahmen gegen den akuten Liebeskummer. Erst, wenn Du innerlich eine eindeutige Haltung hast, kannst Du den Begegnungen mit Deinem Expartner ruhiger entgegensehen.

— Klarheit in den Abläufen: Versuch, mit Deinem Expartner möglichst fixe Regelungen dafür zu finden, wann und wie Ihr den Kontakt mit Eurem Kind oder Euren

Kindern organisiert. Nur auf diese Weise lässt sich verhindern, dass Du ständig in der Warteschleife sitzt und Dir permanent Gedanken machen musst (*Wann meldet er sich?*). Räume Deinem Expartner grundsätzlich eine möglichst geringe gedankliche Präsenz in Deinem Leben ein.

— Viele Kunden sagen mir, dass es ihnen gerade als Eltern sehr kleiner Kinder gutgetan hat, den Kontakt zum Expartner mit Hilfe von »Mittelspersonen« zu reduzieren: Das soll heißen, dass das Kind vom Expartner in der Kita abgeholt wird oder die Großeltern oder Freunde zwischengeschaltet werden, um den direkten Kontakt zu vermeiden. Für eine Übergangszeit kann das sicher ratsam sein, eine Dauerlösung hingegen ist es nicht.

— Schnell kann es passieren, dass gemeinsame Kinder in die Probleme der Eltern hineingezogen werden und beispielsweise Loyalitätskonflikte entstehen. Spätestens dann ist es unerlässlich, sich professionelle Beratung zu suchen. Es gibt viele Anlaufstellen, an die Du Dich allein oder gemeinsam mit Deinem Expartner wenden kannst und die Euch dabei helfen werden, den Trennungsprozess möglichst kinderfreundlich zu durchleben. Zu nennen wären da zum Beispiel städtische und kirchliche Familienberatungsstellen, Erziehungsberatungsstellen, Kinder- und Jugendpsychotherapeuten und Jugendämter. Wenn Du die entsprechenden Stichwörter im Internet recherchierst, wirst Du sicher auch in Deiner Nähe jemanden finden, der Dich und Euch unterstützen kann. Und: Diese Angebote sind vielfach kostenfrei beziehungsweise werden von der Krankenkasse bezahlt.

Ich habe das Handy / den Mailaccount meines Expartners kontrolliert. Ich schäme mich so ...

Es gibt Dinge, die sind einfach doof, die macht man nicht, und sie werden nicht besser, nur weil viele sie tun – aber irgendwie ist es dennoch beruhigend, zu wissen, dass wir nicht die Einzigen sind. Das Kontrollieren des Handys, des Mail- oder Facebook-Accounts des Partners beziehungsweise Expartners gehört mit Sicherheit dazu. Es geschieht aus Misstrauen, aus Eifersucht, Unsicherheit, manchmal auch aus reinem Kontrollzwang. Und alle schämen sich dafür. So sehr, dass manche Frauen und Männer es mir überhaupt erst im zweiten oder dritten Gespräch beichten. Sie leiten das meist mit Formulierungen wie »Ich weiß, das geht gar nicht«, »Ich schäme mich so, aber ...« oder »Normalerweise würde ich sowas nie tun!« ein. Und richtig, das Schnüffeln in der Privatsphäre des Partners ist ein unentschuldbarer Vertrauensmissbrauch, der eigentlich gar nicht vorkommen dürfte. Die Realität sieht allerdings anders aus: In sicher 40 bis 50 Prozent der Fälle, die mir bisher begegnet sind, spielte dieses Ausspionieren an irgendeiner Stelle eine Rolle, wenn beispielsweise ein Seitensprung aufflog.

Falls auch Du Deinen Expartner auf diese Weise zu kontrollieren versucht hast, brauchst Du Dir keine Sorgen zu machen, dass Du deshalb ein schlechter Mensch bist.

Dafür befindest Du Dich in viel zu zahlreicher Gesellschaft! Du solltest Dich allerdings fragen, wie es so weit kommen konnte und was das über die Qualität Deiner vergangenen Beziehung aussagt.

- Kann man mit einem Menschen glücklich zusammen sein, dem man so wenig vertraut?
- Was würde Dein Partner andersherum in Deinem Handy entdecken – gibt es nicht auch dort Nachrichten, die man leicht fehlinterpretieren und so voreilige Schlüsse ziehen könnte?
- Möchtest Du ein Mensch sein, der die Privatsphäre anderer nicht respektiert? Passt das in Dein Bild von Dir selbst?

Abgesehen von der zwischenmenschlichen und moralischen Problematik der »Handy-Spionage« gibt es übrigens auch noch einen knallharten rechtlichen Aspekt: Alle Daten, die Dein Partner per SMS, E-Mail oder auf anderen digitalen Kommunikationswegen austauscht, unterliegen dem Fernmeldegeheimnis. Indem Du in seine Privatsphäre eindringst, machst Du Dich nicht weniger strafbar, als wenn Du seine Post abfangen und öffnen würdest. Zwar ist wohl in den seltensten Fällen davon auszugehen, dass man so ein Delikt in einer Partnerschaft zur Anzeige bringen würde, und die möglichen Folgen sind auch nicht abzusehen – aber mach Dir den Ernst der Angelegenheit bewusst. Zeit, Nerven und Energie sind in einem Gespräch mit dem Partner deutlich besser investiert. Und wenn Du nicht mehr vertrauen kannst, frag Dich, ob Du in dieser Beziehung noch richtig bist.

Ich träume ständig von meinem Expartner – auch Monate später noch. Ist das normal?

Etwas, was viele Menschen bei Liebeskummer als sehr unangenehm empfinden, ist das ständige Träumen vom Expartner – zum Teil noch Monate oder sogar Jahre nach einer Trennung. Während es in den ersten Wochen fast jede Nacht vorkommen kann, wird es anschließend zwar seltener, holt einen manchmal aber gerade dann wieder ein, wenn man glaubt, über die Sache hinweg zu sein. Sollte auch Dir das so gehen, mach Dir keine Sorgen: Es ist vollkommen normal. Zwar ist wissenschaftlich noch immer nicht eindeutig geklärt, welche Funktion das Träumen bei uns Menschen genau erfüllt, aber es hat auf jeden Fall etwas mit der Verarbeitung des Erlebten zu tun. Deine Träume unterstützen Dich also dabei, Deinen Liebeskummer zu überwinden, sie hindern Dich nicht daran.

Besonders häufig höre ich übrigens, dass es (leider) schöne Träume sind, die Frauen und Männer von ihren Expartnern haben: Im Traum ist man wieder miteinander vereint oder gewinnt den anderen zurück. Entsprechend schmerzhaft ist das Aufwachen, wenn die Realität langsam wieder ins Bewusstsein dringt. Für diese Situationen möchte ich Dir empfehlen, Deine kleinen Gedächtnisstützen parat zu haben, über die wir im ersten Teil von »Goodbye Herzschmerz« gesprochen haben. Wenn Du magst, leg sie direkt neben Dein Bett. Indem Du sie liest, werden sie dazu beitragen, dass Du nicht in »Traum-Nostalgie« verfällst.

Machen alternative Heilmethoden bei Liebeskummer Sinn?

Wer verzweifelt ist, der ist bereit, fast alles zu tun, um seinen Liebeskummer loszuwerden – und leider auch, fast alles dafür zu bezahlen. Vom »Ex zurück«-Ratgeber über Kartenlegen, sündhaft teure Astrologie-Hotlines, Gespräche mit einem Toten durch ein Medium bis hin zu Wunderheilern habe ich in den letzten Jahren wirklich schon fast alles gehört. Nun könnte man sagen: Wer oder was hilft, hat recht, ganz egal, mit welcher Methode. Aber die Geschichten all der Frauen und Männer, die es auf solchen Wegen probiert und sich über kurz oder lang eben doch an *Die Liebeskümmerer* gewendet haben, zeigen, dass das nicht richtig wäre. Denn die Frage ist: Hilft etwas wirklich dauerhaft oder nur punktuell? Und hilft es mir, weil ich mich mit der Realität auseinandersetze oder weil ich mich in eine Illusion flüchte? Gerade Letzteres richtet langfristig leider oft mehr Schaden an, als dass es nützt.

Dennoch ist es nicht so, dass nur die intensive Auseinandersetzung durch Gespräche (wie in der Psychotherapie und beim Coaching) oder das Lesen von Ratgebern bei Liebeskummer helfen können.

Es gibt zum Beispiel viele methodische Ansätze, die den Körper stark einbeziehen, besonders kreativ orientiert sind oder bei denen man sich sogar auf eine andere Bewusstseinsebene begibt. Nichts spricht dagegen, solche Methoden *ergänzend* hinzuzuziehen, wenn Du das Gefühl hast, dass sie Dir guttun würden. Wie überall im Leben ist wichtig: Prüf die Seriosität desjenigen, der Dir diese

Hilfe anbietet. Hat er entsprechende Referenzen? Kannst Du das Angebot einmal ausprobieren, oder sollst Du gleich für eine längere Zeit im Voraus bezahlen? Welche Ausbildung besitzt die Person?

Zwei Verfahren möchte ich hier beispielhaft erwähnen, weil ich schon häufig Positives darüber gehört habe:

Zum einen die Hypnose. In diesem Trancezustand fokussierst Du Dich stark auf Dein Inneres und bist besonders empfänglich für die Suggestionen, also die Beeinflussungen und Vorschläge des Hypnotiseurs. Dadurch kannst Du vorher gemeinsam definierte Ziele schnell erreichen, wie bestimmte Emotionen zu verändern oder Dich von belastenden Gedanken zu befreien. Gerade weil die Hypnose so wirksam ist und auf einer anderen als der normalen, wachen Bewusstseinsebene ansetzt, solltest Du Deinen Hypnotiseur allerdings ganz genau auswählen. Es muss eine qualifizierte und absolut vertrauenswürdige Person sein. Am besten machst Du Dich bei der Deutschen Gesellschaft für Hypnose (www.dgh-hypnose.de) schlau.

Zum anderen die Klopftechnik aus der Energetischen Psychologie – ja, Klopftechnik von *klopfen*! Denn hierbei geht es darum, mit dem Finger verschiedene Akupunkturpunkte am Körper zu beklopfen und so Blockaden im Energiesystem zu lösen. Da diese Methode nicht so verbreitet ist wie die Hypnose und Du deswegen gerade in einer kleineren Stadt kaum einen entsprechenden Therapeuten finden wirst, kannst Du Dir bei Interesse das Buch »Klopfen gegen Liebesleid« von der Ärztin und Psychotherapeutin Astrid Vlamynck besorgen.

Ist das beste Mittel gegen Liebeskummer nicht ein neuer Partner? Soll ich mich bei einer Dating-Börse anmelden?

So viele Neins, wie an dieser Stelle angebracht wären, lassen sich gar nicht schreiben! Im Ernst: Am Ende muss natürlich jeder selbst entscheiden, wie er seinen Liebeskummer bekämpft. Aber eines steht fest: Wer sich mit frisch gebrochenem Herzen in die nächste Beziehung stürzt, ist nicht in der Lage, zu lieben, und schon gar nicht, eine gesunde Partnerschaft zu führen. Das ist zum einen traurig für den neuen Partner, auf den man sich nur vermeintlich einlässt (und dieser Person gegenüber auch ziemlich verantwortungslos). Zum anderen entgeht einem durch den verdrängten Liebeskummer die große Chance, sich mal wieder ausführlich mit sich selbst zu beschäftigen und sich dadurch besser kennenzulernen – um anschließend eine noch glücklichere Beziehung führen zu können. Wenn Du dennoch glaubst, dass Du unbedingt ein bisschen Bestätigung brauchst, um Dich besser zu fühlen, dann möchte ich Dich bitten: Spiel mit offenen Karten und mach niemandem falsche Gefühle vor. Sonst bist Du bald vielleicht der Grund für neuen Liebeskummer. Und das willst Du bestimmt nicht.

Hast du Buch-Tipps für mich?

Natürlich! An dieser Stelle habe ich Bücher für Dich aufgelistet, die ich im Zusammenhang mit Liebeskummer sehr gut und lesenswert finde. Die meisten von ihnen unterstützen Dich auf Deiner Suche nach den Quellen des Glücks. Im Quellenverzeichnis weiter hinten findest Du darüber hinaus noch einmal alle Bücher und Websites, die ich in »Goodbye Herzschmerz« zitiert habe.

♥ *Bartens, Werner:* Wie Berührung hilft. Warum Frauen Wärmflaschen lieben und Männer mehr Tee trinken sollten. Knaur Verlag, München. 2014.

♥ *Chopich, Erika J. / Paul, Margaret:* Aussöhnung mit dem inneren Kind. Ullstein Taschenbuch Verlag, Berlin. 2009.

♥ *Fredrickson, Barbara L.:* Die Macht der Liebe: Ein neuer Blick auf das größte Gefühl. Campus Verlag, Frankfurt am Main. 2014.

♥ *Klemme, Felix:* Natürlich sein. Das ganzheitliche Life-Coaching-Programm. Knaur Verlag, München. 2015.

♥ *Merkle, Rolf:* So gewinnen Sie mehr Selbstvertrauen: Sich annehmen, Freundschaft mit sich schließen, den inneren Kritiker besiegen. PAL Verlag, Mannheim. 2001.

♥ *Norwood, Robin:* Wenn Frauen zu sehr lieben: Die heimliche Sucht, gebraucht zu werden. Rowohlt Taschenbuch Verlag, Reinbek. 1991.

- *Perfahl, Barbara:* Ein Zuhause für die Seele. In fünf Schritten zum Wohlfühl-Zuhause. Kreuz Verlag, Freiburg. 2015.

- *Sher, Barbara* und *Smith, Barbara:* Ich könnte alles tun, wenn ich nur wüsste, was ich will. Deutscher Taschenbuch Verlag, München. 1994.

- *Sohn, Elena-Katharina:* Schluss mit Kummer, Liebes! Geschichten vom Herzschmerz und wie er verging. Ullstein Taschenbuch, Berlin. 2013.

- *Van den Boom, Maike:* Wo geht's denn hier zum Glück? – Meine Reise durch die 13 glücklichsten Länder der Welt und was wir von ihnen lernen können. Fischer Krüger Verlag, Frankfurt am Main. 2015.

- *Vlamynck, Astrid:* Klopfen gegen Liebesleid. Rowohlt Taschenbuch Verlag, Reinbek. 2009.

- *Wolf, Doris:* Einsamkeit überwinden. Von innerer Leere zu sich und anderen finden. PAL Verlag, Mannheim. 2003.

- *Wolf, Doris:* Wenn der Partner geht. Trennungsschmerz und Liebeskummer bewältigen. PAL Verlag, Mannheim. 2004.

- *Zurhorst, Eva-Maria:* Liebe Dich selbst und es ist egal, wen Du heiratest. Goldmann Verlag, München. 2009.

♥♥♥♥♥♥ Danke ♥♥♥♥♥♥

Ulla und Joachim Sohn, meinen wunderbaren und mich immer unterstützenden Eltern.

Dem ganzen *Liebeskümmerer*-Team und all unseren Kunden für unglaublich spannende, erfüllende und lehrreiche fünf Jahre.

Jess Doenges, Simone Kauth, Merle Reshoeft, Michaela Schlütter und Daniela Varga, meinen lieben Freundinnen, Wegbegleiterinnen der ersten Stunde und engagierten Testleserinnen.

Marieke Schönian, meiner tollen Lektorin, und Katrin Kroll, meiner inspirierenden Agentin mit einem immer für mich offenen Ohr.

Malte Welding für eine Empfehlung mit schönen Folgen.

Fürs Zuhören, Austauschen, Mitdenken, Verständnishaben: Oliver, Pola & Emilia Sohn, Philipp S. Ingenillem, Frank Bartos, Axel Bethke, Anja von Behr, Kai Borges, Ralf Dekorsy, Kathrin Dunst, Tina Germann, Eva-Miriam Gerstner, Michèl Gleich, Sarah Gries, Marlen Günther, Bettina Hennig, Heiko Hoffmann, Katharina Kellner, Felix Klemme, Christiane Köster, Leonhard Lischka, Judith Mangelsdorf, Schorsch Meierotto, Lars-Oliver Mohr, Renate Pomorin, Andreas Studer, Wiebke Werdelmann, Stefan Wieduwilt.

Sowie dem Ostseebad Binz für Wind, Sonne, Meeresrauschen und Möwengeschrei beim Schreiben!

Quellenverzeichnis

Literatur

Bartens, Werner: Wie Berührung hilft. Warum Frauen Wärmflaschen lieben und Männer mehr Tee trinken sollten. Knaur Verlag, München. 2014.

Blickhan, Daniela: Positive Psychologie. Ein Handbuch für die Praxis. Junfermann Verlag, Paderborn. 2015.

Fredrickson, Barbara L.: Die Macht der Liebe: Ein neuer Blick auf das größte Gefühl. Campus Verlag, Frankfurt am Main. 2014.

Merkle, Rolf: So gewinnen Sie mehr Selbstvertrauen: Sich annehmen, Freundschaft mit sich schließen, den inneren Kritiker besiegen. PAL Verlag, Mannheim. 2001.

Norwood, Robin: Wenn Frauen zu sehr lieben: Die heimliche Sucht, gebraucht zu werden. Rowohlt Taschenbuch Verlag, Reinbek. 1991.

Sher, Barbara und Smith, Barbara: Ich könnte alles tun, wenn ich nur wüsste, was ich will. Deutscher Taschenbuch Verlag, München. 1994.

Sohn, Elena-Katharina: Schluss mit Kummer, Liebes! Geschichten vom Herzschmerz und wie er verging. Ullstein Taschenbuch, Berlin. 2013.

Van den Boom, Maike: Wo geht's denn hier zum Glück? – Meine Reise durch die 13 glücklichsten Länder der Welt und was wir von ihnen lernen können. Fischer Krüger Verlag, Frankfurt am Main. 2015.

Wolf, Doris: Wenn der Partner geht. Trennungsschmerz und Liebeskummer bewältigen. PAL Verlag, Mannheim. 2004.

Zurhorst, Eva-Maria: Liebe Dich selbst und es ist egal, wen Du heiratest. Goldmann Verlag, München. 2009.

Zu Salm, Christiane: Dieser Mensch war ich: Nachrufe auf das eigene Leben. Goldmann Verlag, München. 2013.

Links

www.icd-code.de / icd / code / F43.2.html
ICD-Code, F43: Reaktionen auf schwere Belastungen und Anpassungsstörungen, aufgerufen im Oktober 2015

www.sleepless-in-new-york.com
Website zum gleichnamigen Kinofilm, aufgerufen im Oktober 2015

www.helenfisher.com
Website der US-Anthropologin Helen Fisher, aufgerufen im Oktober 2015

http://spp.sagepub.com/content/early/2014/12/18/1948550614563085.full
Studienergebnis zum »Reden über Liebeskummer« der Northwestern University auf der Website des Journals für Social, Psychological & Personality Science, aufgerufen im Oktober 2015

http://online.liebertpub.com/doi/full/10.1089/cyber.2012.0125
Studienergebnis »Facebook surveillance of former romantic partners« von Dr. Tara Marshall, aufgerufen im Oktober 2015

www.logos-verlag.de/cgi-bin/buch/isbn/2832
Studie von Prof. Sabine Koch zum »Einfluss von Eigenbewegung auf Affekt, Einstellung und Kognition«, aufgerufen im Oktober 2015

www.zeit.de/zeit-wissen/2013/03/koerper-psyche-gefuehle-gesundheit
Artikel in der Zeitung »Die Zeit« über die Studienergebnisse von Prof. Sabine Koch zu »Einfluss von Eigenbewegung auf Affekt, Einstellung und Kognition«, aufgerufen im Oktober 2015

www.hirschhausen.com/glueck/die-pinguingeschichte.php
Website von Eckart von Hirschhausen, Die Pinguingeschichte, aufgerufen im Oktober 2015

http://www.faz.net/aktuell/gesellschaft/menschen/egoistische-zweisamkeit-ersatzreligion-liebe-13152087.html
Website der Frankfurter Allgemeinen Zeitung, Artikel »Ersatzreligion Liebe«, aufgerufen im Oktober 2015

Deutschlands größte Testleser Community

Jede Woche präsentieren wir Bestseller, noch bevor Du sie in der Buchhandlung kaufen kannst.

Finde Dein nächstes Lieblingsbuch

vorablesen.de
Neue Bücher online vorab lesen & rezensieren

Freu Dich auf viele Leseratten in der Community, bewerte und kommentiere die vorgestellten Bücher und gewinne wöchentlich eins von 100 exklusiven Vorab-Exemplaren.

© PIKSEL · istockphoto